JN109525

第三段階に入った卸売市場制度とわが国卸売市場の将来

細川 允史 著
Masashi Hosokawa

筑波書房

はじめに

　わが国では、卸売市場は広く国民に知られています。生鮮食料品等（等は花きを指す）の流通ルートとして、だいぶ減ったとは言っても、総流通量の半分程度のシェアは持っており、依然として重要な存在です。しかしながら、高度経済成長期に急成長した卸売市場は、バブル崩壊前後を頂点として、長い下り坂段階に入り、現在もそれは好転していません。諸情勢の変化により、卸売市場法も大幅に変わり、卸売市場を巡る状況も大きな変貌の最中にあります。

　公共的性格を有する卸売市場は生産・出荷者、川下側の需要者、ひいては消費者に円滑かつ適正価格で生鮮食料品等を届ける重要なシステムであるという立場から、卸売市場の持続性向上のためのあり方を追求することが本書を出版する動機です。物流事情逼迫化も深刻になり、卸売市場に十分な出荷品が届かなくなる事態も予想され、これはひいては消費者の生活に重大な影響をもたらすことになります。なお、本書に「逼迫」という言葉が19箇所も出て来ます。逼迫とは、「①苦痛や危難が身にせまること。なやみ苦しむこと。②事態がさし迫ること。特に、金銭的に余裕のなくなること。困窮すること（広辞苑　第7版）」ということであり、これが何度も出てくるというのは、それだけ卸売市場に危機的状態が迫ってきているということです。これをなんとか乗り切ろうというのが、筆者の切なる願いです。

　本書で筆者は、卸売市場制度の位置付けと、卸売市場・市場企業の持続性確保を目指した第三段階論を展開します。本書が卸売市場関係者に広く読まれて理解され、激動期を乗り切って長期的な持続性を確保する参考としていただければ、50年以上に亘って卸売市場研究一筋で人生を送ってきた筆者としては、望外の喜びです。筆者も、身体が許す限り、卸売市場のお役に立ちたいと思っております。

　本書の内容についてのご批判、ご意見等がありましたら、出版社を通じて

ご連絡をお願いいたします。参考にさせていただきます。

　本書は、卸売市場を巡る事態の窮迫化で、2023（令和5）年11月末に予定している筆者主宰の研究会に間に合わせるために、急いで出版することを思いつき短時間で書き上げた、緊急出版という位置づけです。ご協力いただいた、中央魚類伊藤会長、大都魚類網野会長、東京青果川田会長、大田花き磯村社長、その他の多くの卸売市場関係者、研究者、それに短時間で出版を間に合わせていただいた筑波書房の鶴見社長に深くお礼を申し上げます。

　2023年11月

細川 允史

目　次

本書の要旨

第1章　卸売市場制度の歴史的経緯と第三段階の位置づけ

○わが国卸売市場制度の経緯と第三段階の考え方

　わが国の常設卸売市場は、江戸初期の問屋制卸売市場から始まった。集荷と販売を行う問屋の集合体で、民設卸売市場であった。これを「第一段階」とする。明治後半になって人口増と工業化が進んで大都市に人口集中するようになったことで、問屋制卸売市場では対応できなくなってきたことから、1923（大正12）年に中央卸売市場法ができて、国主導で、規模の確保と取引の透明性の確保を両軸とした公設の中央卸売市場を主要都市に展開することにした。これを公設卸売市場の中心化ということで、筆者は「第二段階」と位置付けた。中央卸売市場はよく機能していたが、戦後になって、スーパーなど大口需要者の中心化を受けて、これへの対応も盛り込んだ旧卸売市場法に変った。その過程で、卸売市場経由率の低下、セリ・入札比率の大幅低下、市場間格差拡大などが続いて、内閣府規制改革推進会議は2016（平成28）年、「卸売市場については生鮮食料品等のいろいろな流通システムの一つとし、特別扱いをしない。卸売市場法は抜本的に見直しする」という提言を出し、それが2018（平成30）年に旧卸売市場法を大幅に改定した改正卸売市場法の制定につながった。改正卸売市場法は、旧卸売市場法の具体的取引規制条項の全面的撤廃など、基本的に新しい考え方（＝規制ではなく振興を積極的にできるようにしたという考え方）としたので、これを「第三段階」と位置付けている。

○改正卸売市場法の本質

　改正卸売市場法では、旧卸売市場法にあった規制法的性格は、具体的な取引規制条項の削除により、市場企業の経営方針の選択肢が広がる振興法という性格に変った。中央卸売市場法と旧卸売市場法にあった差別的取扱禁止と

受託拒否禁止という卸売市場の公的性格を担保する公正取引の二大原則は要件化（重要事項を入れ込む）として維持された（「公正な取引の場の要件化」）。開設者による卸売市場開設手続きは、認可制から認定制に変わり、申請主義として、国は積極的な整備方針は示さず（卸売市場整備基本方針の廃止→旧卸売市場法第4条）、開設者が提出する申請書類に不備がなければ受理するという方式となった。卸売会社の許可は、国・都道府県から開設者に権限が移った。中央卸売市場の開設要件は面積要件等だけになり、民設卸売市場も中央卸売市場と名乗れるようになった。中央卸売市場と地方卸売市場の違いは、主に指導監督者、規模要件、受託拒否禁止要件のみになった。卸売会社の第三者販売、仲卸の直荷引双方の法的規制がなくなり、性格的には両者は同列となった。

　改正卸売市場法の「公正な取引の場の要件化」で、市場企業は積極的な経営姿勢を取れるようになり、時代に合った取り組みで、より積極的に卸売市場の役割強化に貢献できるようになったことが、改正卸売市場法の特徴であり、振興法と言われる所以である。

　中央卸売市場法をきっかけとして、全国に普及していった卸売市場という資産は非常に大きい。第三段階は、その資産の上に立っての発展的改革と捉えることが卸売市場の社会的役割確保のために重要というのが、筆者の主張である。

第2章　広域連携・連合市場構想について

○背景

　筆者がかねてから提起している「広域連携・連合市場構想」は、市場間格差拡大により集荷力格差が進み、単独卸売会社では集荷・販売が自己完結しなくなってきたことを受けて、広域的な卸売会社・仲卸などの連携段階と、卸売市場再編に踏み込む広域連合段階に分けられる、全国的な卸売市場の持続性確保の方策である。

○広域連携・連合市場構想のステージ

- 同一経済圏をブロックとして具体的に想定。その中での各卸売市場・卸売会社の集荷の安定を構築。
- 連携ステージ－物流（荷下ろし）拠点の確保。同一産地について、共同で集荷・分配という連携関係の構築。進んだ形では、卸売会社間で資本関係を構築し、より強固な持続性確保を目指す（卸売会社の業界再編）。
- 連合ステージ－卸売市場再編まで踏み込む段階。まず県単位での卸売市場再編を進め、統合と物流拠点の集約を図る。より進んだ形では、都府県境を超えたブロック単位での卸売市場再編を目指す。これにより、卸売市場の持続性はさらに高まる。

○実現可能性

- 広域連携は、すでに成立している例も少なくない。可能性は十分にある。
- 広域連合は、卸売市場再編として、開設者も巻き込む段階である。誰が主導して実現できるか、ということ自体が難問で、可能性には疑問符がつく。しかし、個別の都府県段階での卸売市場再編は、都府県による指導力発揮の可能性はあり、可能性は△と見る。
- 広域連合のブロック全体での卸売市場再編は、リード役になれそうな自治体はないといっていいだろう。民間がリード役になると、公設卸売市場の立場は微妙になるかも知れない。実現性は△と見る。ブロックによっては、連合の効果が十分でない可能性もある。
- もし、広域連合が困難となった場合は、残った卸売会社と市場外流通との交流で、その時代に合ったシステムになっていくだろう。そして新しい秩序＝新秩序で、生鮮食料品等流通に適したシステムがつくられていくだろう。これを第四段階とする。零細生産者・流通業者・小売商等がどうなっていくかは不透明。この深堀りが、これからの課題である。

第3章　わが国卸売市場の現状

○卸売市場は上り坂→頂点→下り坂へ

　東京都中央卸売市場年報を元に、1935（昭和10）年からの、青果市場と水産市場の取扱推移をグラフで示してある。1987（昭和62）年ごろのピークを境に、バブル崩壊後の取扱高の減少が止まらない状況が示されている。これは全国共通であり、将来的には卸売市場の存続に関わる問題として、卸売市場経由率の向上に努める必要がある。

○卸売市場データ集による卸売市場の現状と課題

　卸売市場数、卸売市場経由率、セリ・入札比率、委託集荷比率、など、いずれも大きく減少して、卸売市場の様変わりが示されている。

○今日の卸売市場の苦境の根源

　川上側－卸売市場－川下側の力関係が、中央卸売市場法の時代は卸売市場が優位であったが、出荷団体の大型化と大口需要者の中心化により、卸売市場の位置づけが下位になった（出荷者の希望価格と需要者からの価格訴求の板挟み）。これをどうするか、が課題。

○市場間格差拡大

　市場間格差拡大は実感的には誰しも感じていることであるが、その深掘りのための数値的把握の手法を紹介している。

第4章　物流事情逼迫化と卸売市場

　トラックドライバーの不足と、2024（令和6）年実施のドライバー労働時間の制限強化は、卸売市場の物流を直撃し、全体としての入荷減と市場間格差の拡大が懸念されている。これについて、研究者の意見、取組み事例、DX化による対応、物流機能の視点を軸とした広域連携・連合市場構想によ

る解決策の提示、トラックに替わる輸送手段の検討、などを記述している。トラックに替わる輸送手段として、貨物新幹線の実用化と普及、DX化（スマートサプライチェーンやデジタルプラットフォーム等）、卸売市場への物流拠点や転配送システムの設置、その他を挙げている。

第5章　第三段階における卸売市場再整備のあり方

　昭和時代に多くの卸売市場が設置された。設置から数十年は経っており、施設老朽化と社会的陳腐化が進んでいる。近年、卸売市場の再整備計画の進行、すでに完成、などがあいついでいる。それについて、社会的環境の変化、取扱い規模がピーク時から大幅に減少していることへの対応について記述している（施設面積を減らし余剰地活用を盛り込む、国がPFI法を改正し、開設者が再整備卸売市場の所有権を持たない非保有方式を認め、自治体の金銭的負担が減るとして推奨している、などを紹介）。

　筆者は、第三段階においては、個々の卸売市場の状況だけでの再整備計画ではなく、広域連携・連合市場構想の考え方を考慮に入れた再整備計画を立てること、そのためには、再整備が多少遅れても、将来見通しをしっかりさせてから、具体的な再整備案をつくることを提案している。

第6章　第三段階での諸課題

　第6章　第三段階での諸課題として、以下の15項目を挙げている。長い文ではないので、本文を参照していただきたい。具体的項目は以下の通り。

　1　卸売市場としてのわが国農漁業振興への貢献、2　市場企業としての分野拡大・荷受からの脱却、3　商物分離、4　市場企業の進退、5　新陳代謝からの展開、6　代金決済システム、7　部類生き残り──他部類からの支援と仲卸市場、8　関連事業者、9　休開市日、10　競争力強化と社内体制、11　市場企業の利益率向上、12　地域密着の重要性、13　買い物難民の増加・移動販売車と卸売市場、14　ヨーロッパの卸売市場との比較考察、15　新事態への対応としての考え方転換の提案

第1章

卸売市場制度の経緯と第三段階の位置づけ

1　わが国卸売市場制度の経緯

　わが国の卸売市場制度は、江戸時代初期に登場した問屋制卸売市場で、毎日開場する仕入れ機構という歴史的に画期的なシステムで、水産物と青果物の供給に大きな役割を果たした。青果では、夜の暗い道を、提灯をつけて荷車を引く行列が点々と続く光景が見られたという。生産者にとってその場で換金できるしくみは画期的であっただろう。当時からの神田市場は、1989（平成1）年に大田市場に移転するまで、400年近く続いた。大阪でも、いまの大阪市中央卸売市場本場の近くの場所にあった雑喉場（ざこば）市場が同様の役割を果たしていた。その名は、いまでも現地に残されている。

　明治に入って、問屋制卸売市場という民間の卸売市場では都市での人口増に対応できず、冷蔵庫など近代的な施設にも対応できないために、自治体による公設制が望まれるようになり、1923（大正12）年成立の中央卸売市場法を軸にした公設卸売市場中心という方式に変った。民設から公設への180度の転換であった。これはわが国の卸売市場史にとって、世界に類を見ない大成功と言っていいだろう。卸売市場施設は開設自治体が用意し、卸や仲卸は、資格要件を満たして入場できれば使用料を支払っていれば資格を維持できた。中央卸売市場の開場は、1927（昭和2）年－京都市第一が最初で、1931（昭和6）年－大阪市本場、1932（昭和7）年－神戸市、1935（昭和10）年－東京都築地、同神田、鹿児島市などと続いたが、戦中は統制経済により開設は中断し、残りの中央卸売市場は戦後の開設となった。戦後の中央卸売市場開設は、1949（24年）年の名古屋市を皮切りに再開され、復興が進んできた昭和30年代から50年代にかけて本格化した。国も、全国の主要都市への中央卸

売市場の設置を積極的に進め、それまで小規模卸売‐市場が複数あった都市
での企業合併による中央卸売市場の設置が相次いだ。新規の開設は、1984（昭
和59）年の沖縄県中央卸売市場が最後になる※。

　　※昭和60年３月づけ農林水産省食品流通局市場課発行の「卸売市場の現状と課
　　　題」によると別の年となっているのが多いが、各卸売市場のホームページ等
　　　で検索したものを採用した。

　しかし、その後、開設した卸売市場の再度の集約再配置（分場の統合など）
も進んだが、そのうち、中央卸売市場数の過剰化による競争激化なども指
摘されるようになり、新規の中央卸売市場設置は行われていない。1996（平
成８）年～2004（平成16）年度に新たな開設者が整備するものとして第６
次中央卸売市場整備計画にリストアップされた、埼玉県庁のさいたま（青果、
水産）と東京都庁の東京都多摩（青果）の中央卸売市場はついに実現しな
かった。

　最高時の中央卸売市場数は、1989（平成１）年で91市場56都市、（青果74、
水産54）であったのが、2021（令和３）年には、65市場40都市、青果50市場
38都市、水産34市場29都市）と大きく減少している。こうして、公設卸売市
場の全国への普及は一時代が終わった。

　卸売市場を巡る状況も大きく変わってきた。その背景は、川下側における
スーパー等、大口需要者の中心化で、第３章で述べているように、セリ・入
札比率の大幅低下など、中央卸売市場法の原則では通用しない段階になり、
2016（平成28）年の、内閣府規制改革推進会議の提言が直接のきっかけとな
って、旧卸売市場法の内容を抜本的に変更した改正卸売市場法の成立（2018
（平成30））年に至ったものである。

　このようなわが国卸売市場の大転換に直面していることをどう受け止め、
どう方向づけていくべきか、の考察が本書のねらいである。

　なお、本書では、「業者」という用語は、法文の引用以外では、他に用語
がないとき以外は、基本的に使わないこととしていることをお断りしておく。

理由は、「業者」と言う言い方には卸売市場を担う大切な組織や担い手の方々に対する敬意の念が感じられないからである。

2　第三段階の位置づけ

　改正卸売市場法の特徴を開設体制を基準にして考察すると、問屋制卸売市場体制は民設制、中央卸売市場法・旧卸売市場法体制は公設制中心と180度転換したのを、改正卸売市場法では、公設・民設に共通した公正な取引の場の要件化という90度の戻り、公設・民設の総合化として真ん中に戻した体制となった。これによる変化も、本書の重要な視点である。

　図1は、上記の民設制→公設制中心→公設・民設の総合化と変わったことを卸売市場制度の変化と捉えたものである。

　2018（平成30）年に成立、2020（令和2）年に施行された卸売市場法（本書では、これを改正卸売市場法、これまでの1971（昭和46）年施行の卸売市場法を旧卸売市場法と名付けて区別している）は、卸売市場法という名前はついているが、これまでのわが国の卸売市場制度を根本から変える性格を持っていると考えている。この考察について、**表1**にもとづいて説明する。

　わが国で、毎日開設する常設卸売市場は、1590（天正18）年に徳川家康が江戸で開設した問屋制卸売市場に始まる。生産力の増加で問屋ができ、その集合体が問屋制卸売市場である。日本橋魚市場や神田青果市場では200前後の問屋が集合し、個々の問屋が生産者が出荷してきた荷を小売と相対で取引していた。生産者にとってはすぐに換金できるしくみであったし、買い手の小売商もたくさんある荷から選べる便利なしくみであった。しかし、取引が非公開でごまかし（詐欺瞞着という）があるなどの問題もあった。明治後期になって工業化が進み、都市人口が急増する中で、狭い問屋制卸売市場では対応できなくなり、時の政府は、1923（大正12）年に、自治体による公設で、取引の透明性確保のためのセリ・入札取引原則を特徴とした中央卸売市場法を制定し、全国の主要都市に中央卸売市場を開設させた。当時の仕入れ業者

図1　わが国卸売市場制度の歴史的変遷とこれからの展望

第一段階　民の時代——江戸時代～大正時代の問屋制卸売市場時代
第二段階　公の時代——昭和時代～今日の中央卸売市場法、卸売市場法体制時代
　　　　　（公設卸売市場・中央卸売市場中心主義）
第三段階　公・民の融合の時代（双方の長所を活かした苦難の時代への対応）
　　　　　広域調整・連携・連合の考え方による多様な卸売市場の役割発揮時代

　経済に垣根なしを前提→市、都道府県では対応しきれない／多様・多重
　の役割で農漁業の振興と川下側の安定に貢献／公設卸売市場の企業化・
　民営化／公設・民設卸売市場の併存同列化／中央と地方の区別の廃止／
　広域的視野で卸売市場・卸売会社等はお互いに集荷支援／共同荷受け的
　機能の充実／仲卸の機能発揮の支援／関連店舗のあり方柔軟化と親しま
　れる卸売市場づくり支援／差別的取扱禁止原則、受託拒否禁止原則は必
　要／人口減少・高齢化に対応／国・自治体の財政悪化に対応／地域文化
　・健康増進・観光対応等に貢献／生き残りのための多機能化・多様化の
　創意工夫の容認・奨励　　　　　等々

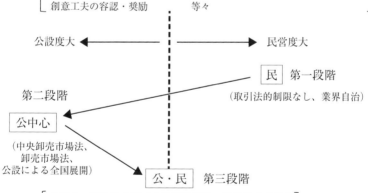

公設度大　◄——————————►　民営度大

　　　　　　　　　　　　　　　　　　　│民│　第一段階
　　第二段階
　　　　　　　　　　　　　　　　（取引法的制限なし、業界自治）
│公中心│
（中央卸売市場法、
　卸売市場法、
　公設による全国展開）
　　　　　　　　　│公・民│　第三段階

　企業化・民営化必至で公設度希薄化の公設卸売市場と
　民設民営卸売市場の連携・総合施策化／広域調整・連
　携・連合の考え方による卸売市場行政の広域化／卸売
　市場の施設整備について国等の支援の継続／水産卸売
　市場への配慮（公設制の維持など）

　　　　　　　　　　　　　　　　　　　細川允史作図

表1　わが国卸売市場制度の段階展開表

| | 第一段階
民設の問屋制卸売市場 | 第二段階
中央卸売市場を筆頭に公設市場優遇 | | 第三段階
公設・民設市場の総合化 |
		前期（中央市場法）	後期（旧卸売市場法）	改正卸売市場法(振興法)
期　間	1590〜1923	1923〜1971	1971〜2020	2020〜
制度の特徴	初めての毎日開設市場	自治体開設と取引透明性確保	スーパー進出による規制緩和	公正な取引の場の要件化 取引規制撤廃による自由化
開設者	問屋の集合体	自治体（公設）	自治体（公設）企業（民設）	自治体（公設）と企業（民設）
開設手続き	日本橋魚市場－幕府勅許 青果－問屋の自主設立	中央卸売市場－農林大臣が許可	中央市場－農林大臣が許可 地方卸売市場－都道府県知事が許可	中央卸売市場－農水大臣が認定申請書類を受理 地方卸売市場－都道府県知事が認定申請書類を受理
取引主体	問屋中心で仲卸も存在	卸売業者、仲卸、売買参加者	卸売業者、仲卸、売買参加者	卸売業者、仲卸、売買参加者、第三者（仲卸買参加者以外）→全部
取扱部類	法はなし	取扱部類は青果と水産	取扱部類に花きと食肉追加	部類制廃止
特徴的政策			卸売市場整備基本方針を国が定める	基本方針条項削除→国による積極的指導・関与なくなる
取引方式	個々の相対取引	セリ・入札のみ。先取り禁止	セリ・相対の併用、予約相対取引も可	規制撤廃→ほとんど相対／第三者販売、直荷引が法的自由化
卸売業者許可	問屋組合	国（農水大臣）	中央卸売市場は国、地方卸売市場は都道府県知事	開設者による認定申請書類への名簿登載。判断は開設者
仲卸許可権	問屋組合	開設自治体	公設は開設自治体、民設は開設者＝卸売業者	公設は開設自治体、民設は開設者＝卸売業者
背　景	毎日開市実現	明治の人口増	スーパーの台頭と拡大	取引原則の崩壊で基本的自由化
具体的動き	初めての毎日開設の卸売市場として、生産者の経営に大いに貢献した。取引の透明性がなく、詐欺瞞着行為があった。	国が積極的に中央卸売市場開設と指導に関与。全国の中都市にも普及。卸売市場経由率が80％を超えるなど戦後の昭和30〜40年代に最高潮。	スーパーの進出と中心化本格化。セリ原則が崩れ、先取りの拡大、相対取引の増加等への対応で、中央卸売市場法の規制緩和を入れた卸売市場法に変る。その後も大口需要者への納入が増え、取引原則の大幅緩和。法改正が論じられ始める。	2016内閣府規制改革推進会議が卸売市場の特別視否定。改正卸売市場法制定で国は卸売市場への関与を最小限に。具体的取引規定を全廃。取扱品目の大幅拡大。部類制の廃止。中小卸売会社廃業の増加。拠点市場への出荷集中化など、構造的変化が進行中。

細川允史作成

は個人の八百屋、魚屋で、この制度はうまく適合し、1955（昭和30）年ごろまでは非常な賑わいを見せたが、そのころ登場したスーパー方式の小売企業が消費者の支持を得て急速に拡大する中で、計画販売による事前注文と大量仕入れによる価格ダンピングの要求などにより、先取りなどの中央卸売市場法違反行為が横行し、政府は、中央卸売市場法の基本原則は堅持するが、大口需要者対応としての例外を認める条項を入れた、旧卸売市場法を制定して対応した。

　しかし、その後もスーパー等大口需要者の進出は続き、2004（平成11）年の農水省調べでは、消費者の購入先店舗に占めるスーパー等大型店舗のシェアが7割近くになり、セリ・入札比率も5割を大きく割る事態になって、旧卸売市場法の形骸化が進んだ。2016（平成28）年に内閣府規制改革推進会議が、「卸売市場は、食料不足時代の公平分配機能の必要性が小さくなっており……抜本的に見直し、卸売市場法という特別の法制度に基づく時代遅れの規制は廃止する」、という答申を出したことが直接のきっかけとなって、2018（平成30）年に改正卸売市場法が成立するという経緯となったものである。

　旧卸売市場法にあった具体的な取引規制条項は全て削除され、具体的取決めは各市場にゆだねられた。これにより、卸売市場整備基本方針その他多くの条項が削除され、卸売市場整備基本方針という国主導の卸売市場改革と言う制度はなくなり、国（中央卸売市場）・都道府県（地方卸売市場）は、申請書類受理と言う受け身の姿勢に変わった。確かに、地方によって具体的な課題は違い、国からのひとつの方針で対応できるものではなく、当事者がボトムアップで効果ある方針を作成するべきであろう。それに対して、条件に適合した取り組みについては補助金対象とする姿勢は国が示している。これまでは、公設卸売市場の開設者は、国からの指示待ちという姿勢がなかったとは言えないだろう。

　一方、民設民営卸売市場は、卸売業者＝開設者で、卸売市場運営に対する卸売会社のリーダー力が強く、積極的な経営姿勢で伸長し、公設卸売市場と

のギャップが広がってきている。改正卸売市場法の公正な取引の場の要件化で、公設卸売市場も積極的な経営姿勢が取れるようになったと考える。

　旧卸売市場法形骸化の過程で、産地からの出荷が受けられなくなった卸売会社の増加などによる市場間格差拡大が進み、さらに改正卸売市場法下になって、法的規制がなくなった仲卸業者の他市場からの直荷引が増えたなどでさらに卸売会社の取扱減少と経営悪化、市場間格差拡大が加速される状況が進んでいる。それにより、多くの卸売業者が集荷と販売という卸売業務の自己完結ができなくなってきている。

　企業の経営持続性も危うくなる状況も増え、卸売市場システムを守る立場から、どう対応するかという考察が重要である。仲卸についても、個人商店等を主な客としていた仲卸は次々と廃業して数が減り、仲卸は卸売市場にとって基本的に必要な機能であるが、それを卸売会社の中に取り込んでいる卸売会社もあり、逆に仲卸の方が有力になって卸売会社を凌駕する卸売市場も出てきており、それをどう考えるかなど、第三段階になったことによる課題は多い。

　このままでは、全国に分布している卸売市場のネットワークが崩れるという事態になりかねない。これに対する対応策として、物流を基軸として考えているのが、広域連携・連合市場構想とその発展形の広域連合市場構想という考え方である。これについては、第2章で詳述する。

3　改正卸売市場法の本質

(1) 改正卸売市場法の性格──「規制法」から「振興法」へ（公正な取引の場の要件化)

　中央卸売市場法は問屋制卸売市場からの転換に当たって、世界に類を見ない全く新しい制度であることから、国（官）主導で法制度を作り、その実行についても主導して、全国展開、ひいては後継である旧卸売市場法で、地方卸売市場、花き・食肉と部類の拡大などで、全国を網羅する卸売市場制度を

作り上げていった。公共性ある施設として公平公正取引が大切であることから、様々な取引規制が中央卸売市場法・旧卸売市場法に盛り込まれ、それを開設者が指導監督する仕組みとなり、法律の性格は、「規制法」という性格が強かった。「規制法」という性格が強かったのは、まったく新しい制度を円滑に軌道に乗せるために必要だったからで、それが円熟期を経て時代の変化で新しい段階に対応するためには当事者の創意性が大切になり、それを支援する「振興法」に変えたと思料する。

　高度経済成長期に取扱高は上昇し、卸売市場は生鮮食料品等の中核的システムとして拡大していった。そのピークは昭和末期から平成初期、バブル崩壊前後であり、その後、取扱高の減少や、取引原則であったセリ・入札比率の減少など、時代の変化による様変わりが続き、旧卸売市場法による運営に行き詰まりが見られるようになった。卸売市場のあり方も、市場間格差拡大、地域差の拡大への対応など、全国一律とはいかなくなってきた。

　これに対応したのが改正卸売市場法であり、中央卸売市場法以来の大原則である「差別的取扱禁止」と「受託拒否禁止」は公正な取引の場として厳守し（要件化）、具体的な取扱規制条項は、法的には削除し、各々の状況による判断にゆだねて、フリーハンドで最良の方針を当事者が立てられるようにすることで、卸売市場が再び活力を取り戻すことができるようにしたのが本質である。これを一言で言えば、「**公正な取引の場の要件化**」、「**規制法**」から「**振興法**」への転換ということになる。

(2) 手続き方法について認可制から認定制への転換（申請主義）

　行政用語の定義として、「認可」とは、「ある人の行為に行政が同意を与えることで法的な効力を持つようにすること」、つまり認可を受けないでした行為は無効であるという強い規制である。「認定」とは、この場合は、「基準に適合するかどうかを確認すること」で認定申請書類を受理するという手続きになる。申請時のチェックで基準に不適合だと不受理、後でそれがわかった場合は認定取り消しとなる、と考えられる。

認可制から認定制に(規制法から振興法に)なったので、卸売市場の公共的性格の根拠となる、すべての具体的取引規制項目は削除となり、差別的取扱禁止と受託拒否禁止※などの公正な取引の場としての要件(共通の取引ルール)を満たす卸売市場が認定を受ける仕組みとなり、その他のルールについては各卸売市場での自主性に任せることとなった。

本章で重要なのは、旧卸売市場法にあった、国による卸売市場整備基本方針(第4条)と卸売市場整備計画(第5条)の作成条項が削除されたことである。これによって、国が主体的に卸売市場の整備方針に関わることがなくなり、各自の判断となった。これを言い換えれば「申請主義」ということになる。認定申請書類の提出という申請があれば受理して、中央卸売市場か地方卸売市場の開設を認めるが、申請がなければなにもしない、と言うよりは、法的根拠がないので「できない」ということである。卸売市場についての諸方針についても、それが適正であるかどうかは判断するが、具体的な内容を国・都道府県の方から発信するということはない。つまり、ボトムアップの世界であり、各卸売市場の改革への積極性が鍵となる。これを開設者はどこまで理解しているだろうか。ある市場では認可と認定を混同している答えが返ってきた。

開設者が、物流施設や衛生管理施設などを企画して国に発信すると、条件を満たせば補助金対象となる。全国統一的なテーマについては国による企画応募というのがあり、受理されると資金提供を受けられる。これは国の積極性を示すものである。また、全国的に検討が必要なテーマについては、「青果物流通標準化検討」や「適正な価格に関する協議会」などを立ち上げて積極的に対応している。「申請主義」は、地域が考えるべきことについてはそれぞれが考えて申請して欲しいということで、ボトムアップでその地域に合った前向きの方針・作戦を、卸売市場側が積極的に作成する行動力がないと、何事も動かない。この点、開設者側に何事も国の指示待ちという姿勢が以前にはなかったか、反すうしていただきたい。

中央卸売市場の優位性というのはほとんどなくなり、中央卸売市場を名乗

る条件は、卸売場と保管施設の面積要件等だけである。地方卸売市場を選択しても、補助金を受ける資格は中央卸売市場と変わらない。ではなぜ、改正卸売市場法でも中央と地方と分けたのかというと、面積が大きい大型卸売市場の社会的効果が大きいという第二段階の考え方を踏襲したからで、しかしそれでも地方卸売市場を選ぶ自由度を残したということだと考える。

　民設卸売市場は、旧法ではほとんど補助金を受けられなかったが、それも解消され、公設卸売市場と同列になった。第三セクター（略して「三セク」と呼称する）卸売市場も同様である。民設卸売市場から、以前には「施設整備に国、都道府県から補助金が出ない。公共性ある卸売市場施設としては同じであるのに、不公平だ。」という声はよく聞いていたところである。これは、問屋制卸売市場からの180度転換による卸売市場近代化を急いだ中央卸売市場法で欠落した部分であり、100年後の今回の改正卸売市場法で、制度的にはやっと解消が実現したと言える。地方卸売市場が法的に規制されたのは、旧卸売市場法からであった。花き、食肉の部類が設けられたのもこの時である。しかし補助金については差があり、それが解消したのは、今回の改正卸売市場法成立によってであった。

　卸売市場整備基本方針などの制度が廃止されたことについて筆者は、『激動に直面する卸売市場』（2017年筑波書房刊）で、旧卸売市場法にある卸売市場整備基本方針と中央卸売市場整備計画の元になる、各都道府県が作成する中央卸売市場整備計画（旧法第6条）は、流通範囲が都道府県境を超えて広域化となる中で、各都道府県の計画が県内にとどまった視野で作成されていたことにより実態と乖離していて実効性がないと指摘したところである。

　筆者としては、より積極的には、第2章で詳述している広域連携・連合市場構想を国主導でやっていただくのが最も理想と思っているが、そうならなかった理由を推察すると、2016（平成28）年の内閣府規制改革推進会議の提言、「**特に卸売市場については、食料不足時代の公平分配機能の必要性が小さくなっており、種々のタイプが存在する物流拠点の一つとなっている。現在の食料需給・消費の実態等を踏まえて、より自由かつ最適に業務を行える**

ようにする観点から、抜本的に見直し、卸売市場法という特別の法制度に基づく時代遅れの規制は廃止する。」（下線は筆者）つまり下線を引いた部分に明記されているように、卸売市場は食品流通システムとしてたくさんあるシステムのひとつ（one of them）という考え方の中で、卸売市場を生鮮食料品等流通システムとして行政が特別扱い（「特別の法制度」と表現）することの否定をしたことが、内閣府つまり国の方針であるということが理由と考えている。

(3) 開設者の役割の変化

　中央卸売市場法は問屋制卸売市場の後継として、旧問屋を構成員とした中央卸売市場だけを法定化した。つまり公設制オンリーであった。その後継で、原則は継承しながら大型流通も但し書きで法体制に入れ込んだのが旧卸売市場法で、地方卸売市場、民設卸売市場の存在も法文に入れたが、政策の中心はあくまで中央卸売市場であった。

　それが、改正卸売市場法では、民設卸売市場も面積条件等の規定をクリアすれば中央卸売市場と名乗れることになった。

　さらに、卸売会社（法的には卸売業者）の業務許可を中央卸売市場法と旧卸売市場法では、中央卸売市場は農林水産大臣、地方卸売市場は都道府県知事がすることになっていたが、それも廃止され、卸売市場を開設しようとする開設者は、中央卸売市場は改正卸売市場法第4条第2項七、地方卸売市場は改正卸売市場法第13条第2項七により、認定申請書類に「卸売市場の卸売業者に関する事項」の記載が求められている。旧法では、開設者は申請書類に、卸売業者の欄は空欄としたはずである。この違いは大きい。卸売業者の営業を認めるのは、国・都道府県であり、これは行政の判断となるので、「許可」という文字が入る。国・都道府県は卸売業務許可をした責任上、卸売会社に立ち入り検査を行い、国は、不適切として経営改善命令を出したケースも相当数あった。

　無条件委託で出荷した物品について、卸売会社が出荷者に代金を支払う前

に突然倒産した場合、出荷者への代金支払いが滞る恐れがあるし、その場合、卸売業務許可を出した国・都道府県に代理弁済の請求訴訟を起こすかも知れない。定期的に立入検査し、このような事態を防ぐ取組みをする必要があった。これが、改正卸売市場法ではこの責任は、名簿登載で卸売会社名を記載した開設者にかかってくることになる。

さらに、基本方針第1の3の(1)開設者による指導監督により、「卸売業者の事業報告書等を通じて卸売業者の財務の状況を定期的に確認することと、指導監督に必要な人員の確保等を行うこと」、とされている。

(4) 開設者による市場企業への指導監督

基本方針による卸売会社への指導監督は、専門家がいる農水省はともかく、数年で他部署へ転勤する自治体職員で構成する開設者では、どれだけの専門性が持てるのかという疑問もある（専門性が高い係を置いている公設卸売市場もある）。経営指標で、不足している点の指摘はできても、その改善策までは踏み込めないので、実際に窮地に陥った市場企業に対する支援には限界がある。これについては、公認会計士や経営アドバイザーなどを開設者が斡旋している例もある。できるだけのことをする必要はある。

その点、開設者＝卸売会社である民設卸売市場は、卸売会社自身が開設者としての権限を持っていて、卸売市場全体に対するリーダー力の発揮ができる。これは、卸売市場全体の戦略を考え実行するうえで、公設卸売市場との大きな違いであり、近年、大手民設卸売市場が急速に存在感を増している背景でもある。

なお、改正卸売市場法は、多くの条文を削除して、旧法では83条あった条文が、19条になった。国が作成した新旧対照表と言うのがあって、これで照らし合わせなければ、前はどうだったかが、何が削除されたのかわからないので注意が必要である。

(5) 公設卸売市場開設者の市場会計事業

　公設卸売市場では、公営企業会計を採用している自治体が多いが、収入源は使用料が中心で、これで利益を上げようとは思っていない。卸売業務は日々進化しているので、施設の新設も必要になる。すでに設置した施設については、市場企業はその支払いが年々負担となっている。取扱高が上り坂であったときはまだよかったが、ピーク時を過ぎてほぼ一直線の下り坂が30年以上も続いており、人口減が加速する中で、下り坂にブレーキがかかる見通しもない。

　すると、開設者に支払う売上高割使用料は減少し、取扱高が減った市場企業の中には、借りている敷地、施設の一部を開設者に返還する企業も出てきた。経営悪化で、市場企業の経営支援として、使用料減免をする開設者も出てきている。さらに、その分、市場会計の赤字が増え、その穴埋めが一般会計からの繰り入れとなる。繰入額については、国から制限がかかっているが、超過する場合もある。少子高齢化による税収減等もあり、自治体財政の悪化が続いていて、卸売市場に回せる資金にもブレーキがかかる。このように、卸売市場会計の悪化は、公設卸売市場の将来的不透明感を増している。

　将来的な人口減等による自治体財政の逼迫化は、開設運営体制に影響するのではないかという危惧もあり、今から検討しておく必要がある。

(6) 卸・仲卸の関係の変化──第三者販売と直荷引の規制撤廃

　ヨーロッパの卸売市場制度は問屋制を基本としており、卸・仲卸の区別はしていない。概して規模が小さいので、大口需要者の主要な仕入れ対象とはなっていない。

　世界で初めて中央卸売市場法で二段階制をとったわが国の制度は、卸売業者の大型化につながり、大口需要者の仕入れも卸売市場に集中することで、高率の卸売市場経由率につながっている優れた制度である。この維持は必須であるが、時代の変化で、卸売会社による第三者販売、仲卸による直荷引が、

業務上必要になってきたことが、改正卸売市場法に反映されている。両者間で同じ取引行為が可能になったという視点からは、「同列化」という言い方も当てはまるし，そうできるということの周知のためには有効な表現とは思うが、現実には、これまでの経緯の中で、どちらかに傾斜しているので、分けた表記も必要である。

　今は中央卸売市場法の延長で、事実上、卸売会社と仲卸に分かれているが、仲卸が産地から直荷引をすれば、その部分は卸売行為ということになるし、卸売会社が第三者販売をすればその部分は仲卸か相手によっては売買参加者行為（兼業業務を含む）ということになる。したがって、今の卸売会社がいなくなっても、残った仲卸が卸売業者と名乗れば、部類は存続できるということになる。多くの仲卸が卸売業者と名乗り、個々に営業すれば問屋制卸売市場ということにもなる。公正な取引の場の要件化を守れば、これも成立すると筆者は思料している。

　これまで、卸売会社を凌駕する経営内容の仲卸も数社存在していたが、卸売会社の方が劣勢となると、両者の位置関係が逆転する可能性や、卸売会社が仲卸を吸収したり子会社にすることで取り込むことも現実化している。卸売業者と仲卸業者間の垣根の流動化が卸売市場全体の活性化につながる可能性もあり、それが改正卸売市場法に反映されていると考える（振興法の考え方）。

(7) 取扱品目の拡大

　取扱品目については、旧卸売市場法は第2条第1項で、「この法律において生鮮食料品等」とは、野菜、果実、魚類、肉類等の生鮮食料品その他一般消費者が日常生活の用に供する食料品及び花きその他一般消費者の日常生活と密接な関係を有する農畜水産物で政令で定めるものをいう。」とされていて、政令で、水産、青果、食肉、花き、と明記されているので、この4つを部類として長く使用してきた。

　改正卸売市場法では、第2条（定義）では旧卸売市場法と全く同じ条文と

なっているが、省令を見ると、なにも書かれていない。つまり、制限がないということである。法文にそう書けばわかりやすいが、その具体的規定は要領に落とし、要領では「制限はありません」というのは、「なんだこれは」ということになるが、法文に書いたことの修正は国会での法改正の議決を要するので、基本的なことでない場合は要綱、要領に落とすことが現実的と言うことであろう。であるから、少なくとも開設者は要綱・要領まで把握しておく必要がある。

改正卸売市場法では、くだけた言い方をすれば、「日常、飲食に供する食料品と花きは全て、対応施設と機能があり定款に書けば取扱品目として扱える」ということで、卸売市場での取扱品目は大幅に広がることになる。コメも扱えることになる。

「卸売業者を部類ごと許可する」（旧卸売市場法第15条の２）が廃止され、部類という概念もなくなった。水産の卸売会社であっても、定款に掲載し、必要な準備さえあれば青果など取扱品目の拡大は自由にできることになる。これを経営戦略にどう活かすか、がこれからの取組みとなる。取扱品目の拡大をしようと思えば、○○水産、○○青果などの限定的な名称の再考も必要になる。このような柔軟な拡大思考がこれからの持続性確保と競争力増強を左右するひとつの要素となる。

(8) 受託拒否の禁止について

「委託出荷品の受託拒否禁止」は、中央卸売市場について、旧卸売市場法では第36条第２項において「中央卸売市場における卸売のための販売の委託の申込みがあった場合は、正当な理由がなければ、その引き受けを拒んではならない」、と規定され、改正卸売市場法でも第４条第２項第五号の表の五で、同様趣旨の規定がある。なお、地方卸売市場については、小規模卸売市場が多いので、規制の緩和としてこの条文をいれなかったとする旧卸売市場法を踏襲したと聞いているが、法文はともかく、卸売市場の公共的性格に鑑み、地方卸売市場でもこれは実行していると思われる。受託拒否をしているとい

う話は聞いたことがないので、法文の有無は問題ではないと思料する。

(9) 中央卸売市場における開設区域の廃止と流通圏の広域化

　中央卸売市場法と旧卸売市場法には、中央卸売市場については開設区域を設定することができる、と規定されている。旧卸売市場法では第7条（開設区域）で、「農林水産大臣は、中央卸売市場整備計画において定められた中央卸売市場を開設することが必要と認められる都市及びその周辺の地域であって、その区域内における生鮮食料品等の流通事情に照らしその区域を一体として生鮮食料品等の流通の円滑化を図る必要があると認められる一定の区域を、中央卸売市場開設区域として指定することができる。」と規定されている。することができるということで、必置ではない。

　「及びその周辺地域」とあるので、開設自治体の行政区域と一致するわけでもないので、あくまでも、施設規模の目安という位置づけと筆者は考えている。

　改正卸売市場法では、民設卸売市場も中央卸売市場の認定の申請ができる。民設卸売市場の開設者は卸売会社であり、企業として、開設範囲という線引きの意識はない。

　開設区域という言葉に、「開設区域の住民の需要に限定」というニュアンスが入ると、これは、卸売市場の公正な取引の場の要件である受託拒否禁止に違反することになる。開設区域制が廃止になると、公設卸売市場の根拠がなくなるという解釈は誤りである。最初はこのような解釈をした開設自治体職員の声を直接聞いたこともあった。この解釈をするなら、行政範囲の必要量を超えた入荷は認められないということになる。しかし、夜中に次々に入荷してくる荷を、行政職員が入り口でチェックして、上限が来たらストップ、持って帰れということは技術的にもできないし、まさに受託拒否で法律に違反する。

　受託拒否禁止という卸売市場の公共的性格は、生産・出荷・換金で経営が安定する生産者の立場への配慮でもある。そのことを忘れてはならない。そ

れが、公設卸売市場の開設者である自治体の立場と矛盾するかどうかという考察は別の角度からはあるかも知れないが、それを厳密にすると、地方公共団体が開設者である公設卸売市場は成り立たなくなるだろう。筆者は某市から「市民税でやっているのに他地域に荷を出すのは問題だ。その地域から分担金を取るべきだ」、という質問を市議会でした議員がいたという話を聞いている。どんな答弁をしたのか興味がある。

　逆に、公設卸売市場が衰退して、自身の行政範囲住民に満足な供給ができなくなるほどになったら、公金の無駄遣いになるとして公設卸売市場継続の是非が問われることになる。厳しく言えば、問われなければならない。

　部類別に消費者一人当たりの摂取量と、開設区域内の住民人口＋それ以外から来る勤め人や学生・生徒の人数（昼間人口）とそれに要する施設規模についての農水省基準があった。これにより、施設の規模を算出して計画の基礎値とすることが行われたが、拠点市場でそれよりも大きな規模であるといけないということはない。物流事情逼迫で、他市場の出荷品まで降ろされ、横持ち運搬すること（転配送）も、現在さかんにおこなわれている。これも、各卸売市場にとって入荷量や品ぞろえの確保のためになることなので否定はできないし、物流事情逼迫化の中では積極的に行う必要がある。

　卸売市場全体の持続性確保と活性化を図ることが重要であり、卸売市場取扱量を制限的に見るのは適切ではない。

　しかし、都府県境を大きく超えた大型拠点市場の設置を、一自治体だけが出資することの是非というのは問われるかもしれないが、それでどれだけ余分の費用がかかるか、それは使用料などで回収可能かなど、自治体の負担について具体的な検証が必要である。

（10）期待される卸売市場側の対応姿勢

　広域化による拠点市場の肥大化と、都府県を超えた広域での卸売市場・卸売会社の衰退化の加速という現象は今も続いている、というより近年加速している。部類に１社しかない卸売会社の倒産・廃業で、後継が確保できなく

て部類廃止や卸売市場廃場という例がすでに出ている。卸売会社の経営悪化でそこまで追い込まれる危機も現実化している。何十年か先には、残るのはどれだけか、というのも絵空事ではない。広域連携・連合市場構想は、その危機をできるだけ回避する目的のために考案したものである。

　地域による実情も違い、全国一律の基本方針ではなく、地域の実情に合わせたブロック別のきめ細かな方針を必要としている。

4　解決策としての第三段階における広域連携・連合市場構想の提起

　課題についていろいろ述べてきたが、個別の卸売市場や市場企業での自己完結した解決が困難な事象が増えている。第二段階では、同一県のなかでいくつかの民設卸売市場や問屋が集まって中央卸売市場とするという再編は行われ、これは一定の効果があった。

　第三段階になって、都道府県別が単位となっていた、卸売市場整備基本方針と卸売市場整備計画の制度が廃止された。都道府県単位での卸売市場の独立性と言うのも卸売市場の営業範囲の広域化で形骸化していたので、これは納得できる。しかし、都道府県境を超えた計画という視野は、第二段階では想定されていなかった。これが最大の欠点であった。第三段階では発想が自由になったことで、この克服ができる下地をつくったという言い方ができる。筆者が提起している広域連携・連合市場構想については、次の第2章で詳述する。

第2章

広域連携・連合市場構想

1 広域物流の円滑化と卸売市場・卸売会社の持続性確保の視点を軸とした広域連携・連合市場構想の基本的考え方

　卸売市場の持続性向上として、今日一番問題になっているのは、物流事情逼迫化による入荷の確保である。物流確保に焦点を合わせた、卸売市場・市場企業間の連携・連合を強める方法として、筆者が考えているのが、広域連携・連合市場構想である。

　広域の単位となるのが、**ブロック**である。ブロックは同一経済圏を指し、この範囲内の卸売会社の連携・連合が基本となる。

　連携とは、卸売市場はそのままにして、卸売会社どうしの卸売業務連携と、資本関係構築による卸売会社再編を指す。現在でもある程度行われている。

　連合とは、卸売市場再編に踏み込む段階を言う。個別の卸売市場だけでは、立ち枯れていくことが防げない場合がある。同一ブロック内の卸売市場の再編と拠点市場の設定により、持続性を高めることがねらいである。連合には、とっかかりとしての県単位での卸売市場再編と、発展形としてのブロック単位での広域連合がある。

　再編の理論は、同一ブロック内での**サテライト方式**（構想しているブロックに一つの拠点市場と、各地域に散開するサブ卸売市場の有機的結合方式）とする。まずは、巨大な拠点市場をいまからつくるのは困難性があるので、いまある卸売市場の活用を前提として、その中での広域連合を考察するのが現実的である。既存の大型市場を拠点とするので、市場としての十分な敷地が確保できるかという問題はある。もしそれが困難な場合は、拠点機能のあり方についての考察が必要になる。⇒例えば、物流拠点は別に設けて共同利

用するなど。しかし、本格的には、物流拠点機能も兼ねたサテライト方式でないと十分な機能発揮はできないので、広域連合市場構想としては、そこまで考慮する必要がある。つまり、物流拠点への本場の移転である。

これらを総称して、「広域連携・連合市場構想」という用語を使うこととした。

横持ち運賃については、荷を受ける卸売会社だけの負担にならないようなシステムが必要で、検討課題である。

卸売会社は、最終的には部類を超えてひとつの企業にすることも視野に入れる。これにより経営基盤の強度が増し、戦略の立案・実践能力も向上する。卸売市場としての統一した経営戦略を立てることで経営持続性・安定性確保の実現性は大いに高まる。

2　広域連携市場構想（ステージ１──卸売市場はそのままで卸売会社だけで連携していく段階）

(1) ステージ１-１（連携が業務提携段階）

これはさらに、

①ステージ１-１パターン１（物流拠点が構成卸売会社内に設置できるパターン）

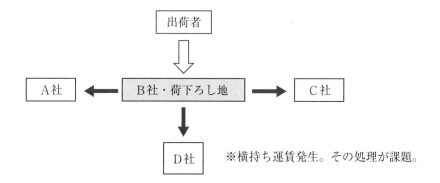

②ステージ１－１パターン２（物流拠点を構成卸売支場以外に設置するパターン）

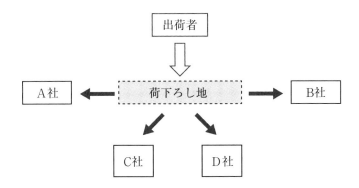

に分かれる。ステージ１－１－２は、荷下ろし地の場所の確保とその作業をする担い手の確保が必要になる。花き市場で現存する「花き共同荷受」は、これに該当する。花きでは、少量多品種の花きを、出荷者が多くの卸売会社に細かく分散出荷するために、早くから機能している。

(2) ステージ１－２（卸売会社再編まで踏み込む段階）

物流的にはステージ１－１と同じであるが、資本関係の構築により、転送荷を受けやすくなるなどで、経営持続性が高まる。

(3) 広域連携市場構想段階での取組み事例

①卸売会社が市場内に物流施設を作り、その中で他社への出荷品も引き受けて転送する取組みも付加することで転配送センターの役割を果たしている事例。この卸売市場は大型拠点市場であるが、すでに敷地は狭隘化し、道路を隔てた土地に施設をつくるなどしている。この事例は、地上が一般車両が通る通路（開設自治体所有）の上に、ピロティ方式で人工地盤を作って、その中で転配送センターを作ったものである。費用は同社の負担で、さらに地上の使用料を開設自治体に支払っている。他市場分の扱いもする

ことでトラックが満杯になることで、自社の集荷にも貢献している。土地
が狭隘である場合の、ひとつの解決策として成功している例でもある。

② スマートサプライチェーンとして、産地の情報と需要者の情報を共有して
　生産振興、需要増の最適化を目指す取組みをしている事例。産地からの出
　荷情報を卸売会社側に発信することにより、需要者側への販売促進に役立
　つとともに、確実な出荷手配にも資すると考えられる。

③ 産地の情報と需要者の情報をデジタルプラットフォームに載せ、出荷者と
　需要者が同じ土俵で取引できるようなシステムをすでに実用化している事
　例――これは商物分離による物流の分散にもつながる。

④ 同じ方面の卸売会社どうしで連携して同じ産地からの出荷品を共同で配送
　を受け、適切な一か所に荷下ろしして分配する話し合いをしている事例。
　荷下ろし場所が卸売市場とは限らない。

⑤ 県内の卸売会社をホールディングス化して本社・支社の関係とし、集荷を
　一本化し、本社から支社へ分配とすることで県内卸売市場の持続性を確保
　している事例。これは、広域連携市場構想 1 － 2 に該当する模範的な例で
　ある。

⑥ 県内生産者の荷を県内の大手卸売会社が集中的に荷受けし、同社がまとめ
　て東京方面などにトレーラー等の大型車両で送ることにより、輸送ロット
　の確保による物流効率化と出荷者にとっては物流費負担の軽減になること
　による双方の利害の一致を目指すシステムの取組みを進めている事例。こ
　れは、地理的条件があれば進めて欲しい事例である。

⑦ 産地からの直接入荷が望めない卸売会社は大手卸売会社の傘下に入り転送
　を受けることで経営の持続を図る事例。これは、ステージ 1 － 2 に該当す
　る卸売会社再編の事例。

　このように、広域連携段階でも、できることはたくさんあり、この実行
が急がれる。

3 広域連合市場構想段階（ステージ2→サテライト方式の導入と卸売市場再編を伴う）

　広域連携市場構想では、個々の卸売会社の経営能力に限界がある場合に、救済には限界がある。それを打破して、新レベルでの高度の卸売機能の発揮を目指すのが、広域連合市場構想で、卸売市場再編と卸売会社再編を伴う。再編の対象範囲で、同一県内レベルでの卸売市場再編（ステージ2－1）と、都府県境を超えたレベルでの卸売市場再編（ステージ2－2）に分かれる。

(1) サテライト方式の導入

　広域連合市場構想段階の特徴は、サテライト方式の導入である。これは、同一ブロック内で、一つの物流拠点卸売市場と、各地域に散開するサブ卸売市場の有機的結合方式（卸売会社の経営統合）で、サブレベル卸売会社の立ち枯れ化を防止するという考え方である。

　ブロック内に大型物流拠点をつくり、集荷とブロック内各卸売市場への転配送機能を確保する。現在、大型拠点市場がある場合は、そこに転配送センターの設置ができればサテライト方式の機能は果たせる。既存の大型拠点市場で、ブロック内の広域物流拠点としての十分な敷地が確保できない場合は、サテライト方式としての機能は十分に果たせない。

　広域連合市場構想としては、広域物流拠点の適地への移転という考え方が基本となるだろう。場所は、ブロック内での適地ということになるので、必ずしも今の拠点市場がある都府県である必要はなくなり、適地は見つけやすくなる。

　これができない場合は、荷下ろし拠点の複数の卸売市場への分散など、次善の策を工夫するしかないが、それだけ卸売市場の持続性は低くなる。

サテライト方式のイメージ図

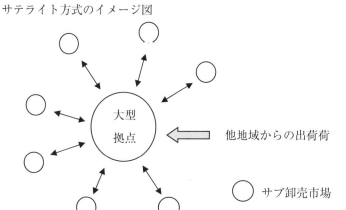

地元ブランド品は地元サブ卸売市場が拠点となる相互関係のシステム
（矢印双方向）

（2）ステージ２－１（個別都府県単位の卸売市場再編）

　広域連合市場構想の取り掛かりは、ブロック内の個別の県単位での卸売市場再編である。例を挙げると、ある県で、突出した卸売市場がなく、３市場が並び立っているとすると、各市場の取扱規模が小さく、2024年問題以降では、ロットが小さいので３市場個々にはトラック配送が来なくなる恐れがある。その場合、３市場分の同一産地や同一方面からの出荷荷はまとめて１カ所に荷下ろしして分配するしくみとする。ここまでは広域連携市場構想であるが、広域連合市場構想では卸売市場再編を行うので、部類ごとに卸売会社は合併再編して、本社機能は拠点市場に集約し、拠点とした市場を本場、他を支場とする。こうすることで、集荷力が高まるとともに、市場企業・卸売市場の経営安定性が増加する。

　同一県内での取組みであるので、県という行政単位があり、トップに県知事がいるので、総合的な調整役として期待でき、このステージの実現性には期待が持てる。

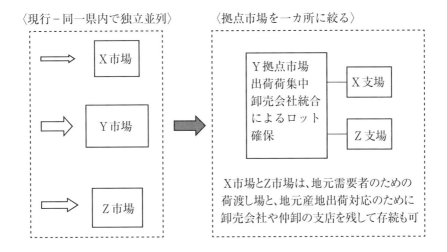

- 県内での複数卸売市場の一本化。または拠点の集中とブランチ（支場）という整理。部類ごと、さらには部類を超えた卸売会社の１本化を図る。
- 同一都道府県内なので、知事による調整の可能性があり、実現性が高まる。
- 同一ブロックで圧倒的な拠点機能を集中するブロックでは、周辺の県の卸売市場は独立性に乏しいので、最初から下記の２－２に取り組む必要がある。

(3) ステージ２－２（ブロック内全体での卸売市場再編）

　ステージ２－１の同一県内での卸売市場再編では、規模が足りずに十分な効果が挙げられないという可能性もある。その場合は、ブロック全体の規模により、より確実な効果が期待できる。

　また、首都圏や関西圏などでは、個別の県レベルで自己完結できる規模の取組みができない可能性が高い。この場合は、ステージ２－１を飛び越して、最初からステージ２－２の広域サテライト方式を目標とする必要がある。

　県段階でのステージ２－１ができたとしても、近接して、より大きな物流拠点市場がある場合には、その活用も必要になる。

〈ブロック単位の広域連合市場構想図〉

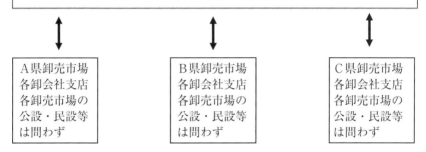

広域連合市場（サテライト方式）

- 同一経済圏をひとつのブロックとする。具体的には関係者（当該地域の行政機関も含む）の協議・合意による。場所は、ブロック内の適地。
- 合意するブロック内卸売会社の本社機能は広域連合市場に集結。部類ごとに数社以内に集約。部類を超えた卸一本化もありうる。
- 各県卸売市場の卸売会社は支店として残り、地元機能を確保する。
- 部類は、現行の部類全て（青果・水産・食肉・花き）を対象とし、新しい部類の創設も可。
- 卸売市場機能強化に資する施設・機能は積極的に導入する。
- 開設者のあり方、資金調達等は今後の研究課題とする。

| A県卸売市場
各卸会社支店
各卸売市場の
公設・民設等
は問わず | B県卸売市場
各卸会社支店
各卸売市場の
公設・民設等
は問わず | C県卸売市場
各卸会社支店
各卸売市場の
公設・民設等
は問わず |

このステージでは、次の事項が実行される。

- 大型拠点市場からの一方通行ではなく、所属各卸売市場の持つ特徴も活かして、その分野の発信者は大型拠点市場以外ということもあり、相互の役割分担機能による機能向上も目指すので、矢印は双方向としている。
- 広域拠点市場を設定する。規模等で適切な卸売市場がなければ、新設もありうる。
- ブロック内で参加を希望するすべての公設、民設、三セク卸売市場・卸売会社を対象とする。
- 合意するすべての卸売会社は本社を拠点市場に移し、卸売会社数が多すぎる場合は再編成する。
- 希望する既存卸売市場は支場として存続でき、卸売会社は、拠点市場の支店とする。

- 仲卸は現在地又は広域拠点市場ないしその両方に設置できる。ただし、仲卸数の関係で統合もありうる。
- 公設・三セク卸売市場では、開設者はそのまま留まれる。
- 開設者＝卸売会社である民設卸売市場が参加する場合は、本社を広域拠点市場に移す必要がある。
- 広域拠点市場の開設者のあり方は今後の課題とする（特に卸売市場新設の場合）。広域連合市場構想2－2ステージでの根本的な大変大きな課題であり、これから考察する。基本的には、ひとつの企業体として、そこへの資本参加という形での市場企業の参加という形が有力かいまのところは思料している。
- ブロック内の卸売会社が一本化された場合は、卸売市場経営の司令塔も兼ねることになり、生鮮食料品等流通に強力なリーダーシップの発揮が期待される。

  しかしながら、開設者を兼ねるか、卸売市場の管理委託を受けることによる事実上の開設者となるのが適当なのかどうか、今後の課題となる。
- 広域連合市場構想の都道府県境を超えたステージ2には、ブロックに相当する行政機関がないため、ボトムアップでどこまでできるのか、これからの検討課題である。
- 同一ブロックで、面積が広く、卸売市場が分散していてお互いの距離が離れている場合は、広域連合市場構想2－2の効力に限界があり、2－1あるいは広域連携段階止まりになるかもしれない。

(4) 広域連携連合市場構想の最大の課題

　広域連携市場構想の最大の課題は、ブロック全体の集荷量を引き受ける荷下ろし拠点機能（転配送センター機能）をどこに作り、その費用を誰が負担するかということである。参加する卸売市場は、公設、民設、三セクがあるとして、現存の拠点市場を本場とし、他を支場とするならば、それぞれの卸売市場の現在の開設体制を維持すれば、各卸売市場の持続性は確保できる。

しかし転配送センター機能の費用負担をどうするかは、これからの課題であり、この見通しがつかないと実現性は低くなる。

　参考までに、2018（平成30）年に開場した豊洲市場水産物部には、5,000㎡の転配送センターを開設者である東京都が設置した。周辺卸売市場の卸売会社への出荷用として活用されている。施設は転配送業務を担う企業が施設使用料として東京都に支払っているので運営継続ができている。

　拠点市場を新設する場合は、ブロック内のどの県に立地してもいいわけで、それが立地する県が主要経費を負担するとなるとまとまらないだろう。

(5) 横持ち運賃について

　横持ち運賃については、荷を受ける卸売会社だけの負担にならないような配慮が必要で、検討課題である。

(6) ステージ２−２で想定しているブロック（仮案段階）

　日本列島は細長いので、地域ごとのまとまり方に多様性があり、地域ごとに具体策を考察する必要がある。

　さしあたり考えているブロックは、北から、①北海道、②東北（南北に分けるかどうかは課題）、③首都圏／関東圏／広域関東圏（関東隣接・近接県も含む）のどれか又は全部で複合化、④北陸、⑤中部、⑥関西、⑦四国／中四国の個別または総合化、⑧九州・沖縄、であるが、広域連合市場構想として、物流・分配のつながりにおいて考えやすいブロックと具体化しにくいブロックがある。

(7) 北海道は特別の存在

　北海道は日本の面積の22％を占め、隣接県（青森県）とは海（津軽海峡）で隔てられていて、鉄道を除いては、陸路での接続はない。鉄道貨物以外は、トラック貨物はフェリーでの輸送が入り、時間を要する。菱形の北海道の、かなり中央的位置づけで人口が全道の40％である石狩平野があり、その中

に人口196万人の札幌市が位置する。札幌市中央卸売市場は取扱高が大きく、全道に広範囲の販売圏を持っている。他にも、旭川市、帯広市、函館市、釧路市などには大きな取扱高の卸売市場が存在し、本州方面との物流ルートが不十分なこともあって、広域連合市場構想では、北海道単独で、ひとつのブロックとなっている。つまり、すでに広域連携・連合市場構想段階に達しているということである。

　食料の巨大な基地であることもあり、2024年問題をはじめとした物流問題でも独自の課題があることから、単なるブロックと言うよりも産地としても大きな存在としての課題を持っていて、特別の考察が必要である。

　特に、トラック事情の悪化で注目されているのが、鉄道貨物の復活である。すでに、鉄道コンテナでの輸送も多用されているが、北海道新幹線の札幌延伸が予定されている2030（令和12）年には、現在実施されている在来貨物線の平行使用の廃止をJR側が検討していることから、新幹線貨物、第2青函トンネルなどが取りざたされている。さらに、札幌から先のJR在来線に新幹線用のレールも付設し、在来線車両と共に新幹線貨物の車両が走れるようにする提案もある。

　もし、新幹線貨物が実現すると、新幹線仕様の貨物列車が鹿児島まで線路がつながることになり、北海道の生鮮食料品等の本州への輸送は、格段に発達する可能性がある。JR側にとっても、じり貧の旅客部門への有力な経営支援になる可能性もあり、わが国の生鮮食料品等物流の大きなターニングポイントとなる。産地出荷はそれぞれの道内卸売市場までとし、そこからは拠点集荷の卸売会社が仕立てて本州方面に送ることで、2024年問題への対応も進む。

(8) ステージ２－２と改正卸売市場法との関係

　広域連合市場構想の完成段階（ステージ２－２）では、各卸売市場は基本的に存続させるが、拠点市場はひとつに絞る。残りは支場とする。各卸売市場には現行の卸売市場開設者がなるが、本社機能は一か所なので、卸売会社

も、全部類を統合して、ブロックで1社とすることも可能である。そうすると、そのブロックでの戦略は非常に強力なものになるし、卸売市場の開設運営体制にも影響すると考えられる。

これにより、持続性は高まり、物流についても、かなり楽になると考えられる。これでも、差別的取扱禁止と受託拒否禁止の遵守をすれば、卸売市場としての要件は満たすと考えられる。

実際には、各卸売市場が公設卸売市場である場合は、開設者の一本化はできないと思われるので、拠点市場以外は、開設者の任務は施設の維持管理がほとんどということで、「上下分離方式」になっていくということになる。

4　広域連携・連合市場構想実現の可能性

(1) 広域連携市場構想の可能性と困難性

連携段階の卸売会社どうしの業務提携は、すでに各レベルで行われている。ただし、個対個のケースがほとんどで、今回提案している、同一ブロック内の卸売会社が集まって、同じ産地からの荷を同じトラックにまとめて集荷し、適当な場所に荷下ろしして分荷するという統一的な取組みには至っていなかった。しかし、物流事情逼迫化の元では、実現可能性は前進すると思われる（可能性が高いかどうかは、意識の高さ次第）。また、そうしなければ、個々に集荷困難になり、衰退していく。筆者は、かねてから警告しているが、動きが鈍いように見える。

公設卸売市場の開設自治体も、他の近接卸売市場開設者に呼びかけて開設者として働きかける動きを起こしてもいいのではないだろうか。寡聞にして、筆者はこのような動きを耳にしたことがない。個々の卸売市場だけを見ている視野では、これからの卸売市場の存続は難しい。

(2) 広域連合市場構想の可能性と困難性

①ステージ２－１（単独県段階での卸売市場再編）の実現可能性

　これは、できる、というよりはやってもらわなければならない。ある県で、複数の卸売市場がある場合、それが、東西の端どうしに位置し、政令指定都市などである程度の規模があって真ん中に統合するのが現実的でない場合（静岡県など）を除き、県内で小規模複数の卸売市場しかない場合は、拠点市場を１カ所に統合しなければならない。真ん中に相当規模かつ物流拠点機能を備えた卸売市場を新設できればいいが、ハードルが高いと思われるので、これまでのいきさつやメンツを超えて、物流拠点として最適な卸売市場に転配送機能も備えて、県内全体としての集荷機能の確保を目指す必要がある。

　県全体を大所高所から見ることができる機構は県庁であり、最高責任者の県知事である。このような存在がある県段階での卸売市場再編実現可能性は間違いなくあると考えている。この、県段階の卸売市場再編はぜひ実現させたい。一カ所でも動きが出れば、他の県でも動き出す可能性がある。一度動き出せば、力強い流れとなることを期待している。

　心配しているのは、公設卸売市場だけの範囲で考えて、民設卸売市場を無視する可能性である。公設、民設、三セクと開設体制はちがっても、改正卸売市場法に規定した差別的取扱禁止と受託拒否禁止は遵守する公共的性格を有している。県の行政としては、総合的視野で扱わなければならない。

　しかしながら、県内を統一しても規模が小さい場合は、独立して集荷するには足りない場合も考えられる。その時は、隣接し、距離も近ければ、お互いの連携か、広域連合市場構想のステージ２－２での集荷力の向上も可能性がある。

②ステージ2−2（県境を超えた同一経済ブロックでの卸売市場再編）の実
　現可能性

　こちらは、①の県段階での卸売市場再編の可能性はあるとしたことと違っ
て、非常に難しい問題がある。

　民設卸売市場どうしの広域連合と言うことであれば、同一ブロック内はも
とより、同一ブロックを超えた範囲での卸売市場再編も、関係企業の合意が
あればできるので、これは実現性がある。

　問題は、公設卸売市場と三セク卸売市場である。県境を超えた場合に、行
政としてまとめることができる機関がない。改正卸売市場法は、下からのボ
トムアップが原則であるが、県境を超えた企画立案、必要経費の調達、予算、
物流拠点の土地探し、いずれをとっても強力なリーダーの存在がないと不可
能に近い。机上の提案は誰でもできるし、現に筆者が本書で行っているが、
当事者がその気にならないと実現しない。

(3) 広域連合市場の拠点を物流センターに移す可能性

　既存卸売市場では、広域連合市場構想は予測しておらず、一般に単独卸売
市場として設計されているので、広大な敷地の余裕があるということは考え
にくい。本格的に広域連合市場とするのであれば、拠点は物流センターに移
転する可能性もある。しかし、これは自治体の手に負えるレベルではないと
考えられる。物流センター方式への適合性が低いと考えられる水産や食肉も
含めて、まとめて移転ということもありうるが、物流センター機能も備えた
広大な敷地が必要になる。これは「絵にかいた餅」になる可能性は高い。

　しかし、さらに物流事情逼迫化が進むと、生鮮食料品等に関係ない業種も
含めた集約化に進む可能性もある。ここまでくれば、国家的プロジェクトで
ある。計画推進主体が明確でない生鮮食料品等卸売市場の広域連合構想より
も、この方が実現性があるかも知れない。

(4) 広域連合市場構想が実現しなかった場合→新秩序へと進む

　2－2の広域連合市場構想がもっとも卸売市場が機能する方式であると考えている。それ以外では物流拠点として不十分であり、対応から漏れたり、不十分である市場企業や卸売市場は、時代に遅れて衰退していく可能性がある。残った市場企業や卸売市場がそれをカバーできればいいが、そうでないと、卸売市場そのものが次第に時代遅れになっていく懸念がある。

　それでも有力卸売市場は生き残るだろう。そして、市場外流通のうち、時代に合ったシステムも生き残り、あるいは新しく登場し、これらが絡み合い融合して、新秩序へと進んでいくという社会的発展になっていく可能性が高い。広域連合市場構想実現のハードルが高いとなれば、これも時代の流れということになるのであろう。

　現在、卸売市場を巡る情勢は大きく動いている。卸売市場側がベストを尽くす気持ちでいれば、新秩序でも必ず居場所はあると思う。居場所を確保するためにも、広域連合市場構想のステージ2－1まではぜひ到達しておいていただきたいと願っている。

(5) 広域連合市場構想の類似構想（非卸売市場型）に他業種企業が乗り出す可能性

　他業種企業が物流事情逼迫化への対応として物流センターを軸としたシステムを考えた場合、卸売市場という形態を取らずに、例えば、大口需要者対応に絞って進出する可能性は否定できない。その場合は、改正卸売市場法適用にならないので、法的制限はなくなる。出荷者がその方への出荷を選択すると、卸売市場にとって脅威になる可能性がある。物流事情逼迫化と人口減により、卸売市場が力を失えばどうなるか、ということである。

　しかしながら、物流センターの使用には多額の経費を要するし、卸売市場事業の利益率が低い状況の改善も容易ではない。はたしてそのような企業が現れ、それが成功するかどうか、疑問もある。それも、全国レベルでそうな

るということは考えにくく、卸売市場は残るだろう。

5　広域連携・連合市場構想と開設者の立場

　この場合、問題になるのは、開設者≠卸売会社である公設、三セクの卸売市場の開設者である。開設者＝卸売会社である民設卸売市場では、開設者は卸売会社と同じ人格であるので、分けて機能を考えても意味がないし、強力な経営力を発揮して正面突破するかもしれない。

　改正卸売市場法の基本方針で定めている開設者の責務のひとつに、「入場卸売業者の事業報告書等を通じて卸売業者の財務の状況を定期的に確認する。」とあるが、同じ人格では特別に念を押す意味がない。

　問題は、開設者≠卸売会社で開設者が別の存在である場合である。卸売市場が単独で順調な運営を行っているときには、開設者は開設運営に特化し、市場企業は卸売業務に専念するという分業でうまく回っていたが、市場間格差拡大で卸売会社が他市場の卸売会社と連携、連合（資本提携、子会社になるなど）などの動きをするようになると、開設者はそれについては口出しできないし、支社になれば支社だけの財務状況の把握と言うのも、意味が薄いと筆者は考えている。他市場にある本社に対して、どこまでの指導監督権限が及ぶか、明確でない。

　支社の成績が思わしくない場合、本社の意向で支社廃止となっても、他市場にある本社まで行ってなにかアクションを起こすのも、本社の開設者に無断と言うわけにはいかないだろう。旧法は、各卸売市場が単独で独立的に自己完結することを前提としていた。第三段階では、市場間格差拡大が進んで、従属化が進んだことへの対応としての第三段階論について、開設者として効果的に対応することは困難になって来ている。将来的には、これを踏まえて、公設制を維持するのか、べつの開設運営体制とするのか、の選択を迫られる事態もありうる。

6 人口減による地方衰退への対応構想と卸売市場第三段階論との符合性

(1) 増田寛也編著『地方消滅──東京一極集中が招く人口急減』（中公新書）に見る広域的視点

　同書では、人口急減による消滅可能都市896の衝撃と極点社会の到来、その対策として「広域ブロック行政」その他、多岐に互る対策が述べられている。そのうちいくつかは、筆者が本書で取り上げている卸売市場対策としての広域連合市場構想についての考え方と共通性が認められる。

　そこで、同書から卸売市場の第三段階論を取り上げている本書に参考になりそうな箇所をここで紹介することとする。

○極点社会の到来

- 極点社会とは、大都市圏に人口集中する現象。社会増は、東京都区部は約３割、福岡市で約２割、大阪市、名古屋市で１割となっているが、それ以外の地方圏ではほとんどの市町村で最大８割以上の大幅な社会減予測。極点社会－大都市への流れ、を変える必要がある。

- 国立社会保障・人口問題研究所の日本の将来推計人口（2012－平成24年１月推計）によると、2010年１億2,800万人超→2050（令和32）年に１億人を切り、2100年には4,959万人と、明治時代の水準にまで戻るとされている（原資料：国立社会保障・人口問題研究所「日本の将来推計人口（平成24年１月）」）。

- 少子化に歯止めがかかっていない。

- 地域格差を生んだ「人口移動」→大都市への若者の流出が拍車をかけている。

- 地方の消滅可能性→896が消滅可能性都市。その指標の確たるものはないが、同書では、ひとつの試みとして「再生産力」つまり出産可能年齢（20～39歳）の女性が2040年までに５割以上の減少を基準とした。そのうち523

は人口が1万人以下とさらに深刻。一方、東京も人口は減少するが、人口
流入によって約1割減にとどまる。ただし、東京都豊島区も消滅可能性都
市に入っていたので驚きとともに話題になった。

○対応策としての「広域ブロック単位の地方中核都市」

• 東京一極集中に歯止めをかけるには、地方において人口流出を食い止める
「ダム機能」の構築が必要。

• 「若者に魅力ある地方中核都市」を軸とした「新たな集積構造」の構築が
目指すべき基本方向。

• 広域の地域ブロックごとに、人口減少を防ぎつつ、各地域が自らの多様な
力を振り絞って独自の再生生産構造をつくるための「防衛・反転線」を構
築できる人口・国土構造を提案する。小粒の提案を総花的に行うことでは、
防衛線は築けない。

• しかし、財政や人口制約の点からも、防衛線となる都市の数には限界があ
る。最後の踏ん張り所として、「**広域ブロック単位の地方中核都市**」（下線
は筆者）が重要な意味を持つ。地方中核都市に資源や政策を集中的に投入
し、地方がそれぞれ踏ん張る拠点を設ける。

　重要なのは、地方中核都市が単独もしくは突出して存在するような地域
構造を目指すわけではない。地方中核都市を拠点としつつ、それに接する
各地域の生活経済圏が有機的に結びつき、経済社会面でお互いに支えあう
「有機的な集積体」の構築を目指す。

（註：この部分が、広域連合市場構想2－2ステージとつながる。）

(2)　総務省自治行政局市町村課「地方中枢拠点都市圏構想推進要綱の概要」の考え方

• 地方中枢拠点都市圏（以下「都市圏」という）に向けての手続き。地方中
枢拠点都市宣言→連携協約の締結→都市圏ビジョンの策定

• 都市圏構想の目的及び趣旨：人口減少・少子高齢化社会にあっても、地域

を活性化し経済を持続確保なものとし、相当の規模と中核性を備える圏域の中心都市が近隣市町村と連携して、人口減少に対する、いわば「地方が踏みとどまるための拠点」を形成する。

- 地方公共団体が柔軟に連携し、地域の実情に応じた行政サービスを提供するためのものであり、市町村合併を推進するものではない。
- シティリージョンの形成：都道府県境を越えて、民間事業者を巻き込む形で都市圏が相互に連携する、より広域的・複層的な連携の形成も歓迎。
- 地方圏において相当の規模と中核性が必要。

　　①指定都市又は中核市、②昼夜間人口比率おおむね1以上を備える圏域の中心都市が、近隣市町村と連携して、圏域全体の将来像を描き、圏域全体の経済をけん引し圏域の住民全体の暮らしを支えるという役割を担う意思を有することを表明（詳細項目は省略）

(3) 筆者コメント

- 両者とも、人口減少で地方市町村の衰退化が顕著なことに対する対応策として提起
- 中核を中心とする連携による、市町村の持続性向上を目標としている。
- 総務省の資料では、「**シティリージョンの形成：都道府県境を越えて、民間事業者を巻き込む形で都市圏が相互に連携する、より広域的・複層的な連携の形成も歓迎。**」（下線は筆者）とする部分に注目。
- 卸売市場について筆者が提起している、広域連合市場構想との類似性があると考える。

　　ただし、卸売市場においては、卸売会社が主体となっての取組みが中心となり、卸売市場再編で、卸売市場施設の新設などが必要になると、行政の関与も必要になるので、違いはある。さらに、民設卸売市場の存在もあるので、行政主導とはいかない部分もある。

- 大きな点で共通部分があるというのは、広域連合市場構想の方向が間違っていないということの確認にはなる。

7　広域連携・連合構想とわが国卸売市場の将来——第四段階（市場流通・市場外流通の融合）の考察

　本章のまとめとして、本書表題にある『わが国卸売市場の将来』についての考察を行う。人口減と物流事情逼迫化は、これからますます加速化する恐れが高い。そうなると、個々の卸売市場・市場企業だけでは対応困難となり、広域連携・連合による打開というのは、必然的な方向になっていると考える。問題はこの具体化である。本書のメインテーマは第 2 章に凝縮されている。

　本章(4)で、「広域連合市場構想が実現しなかった場合→新秩序へと進む」としたが、もし実現しても、縮小社会における担い手不足なども考慮すると、**卸売市場・市場外流通を総合したシステム**として、コンパクト化する必要があり、これがわが国卸売市場の将来となるのではないか、と考える。つまり、市場外流通も包含した広域連携・連合（市場が取れる）構想ということになる。この段階では、中央卸売市場と地方卸売市場、公設卸売市場と民設卸売市場、卸売会社と仲卸の区別というのも、別の様相となって来る可能性が高い（(4)ではこれを「新秩序」とした）。こうなると卸売市場制度論的視点では、第四段階ということになる。つまり、**第三段階は、第二段階から第四段階に行く過渡期**ということともいえる。過渡期だから、第三段階には第二段階の制度・考え方も残っているという説明もできる。

　改正卸売市場法によるフリーハンド化はあらゆる選択肢の機会を与えてくれた。振興法といわれる所以である。わが国は人口減で悩んでいるが、世界的には人口爆発で食料が足りなくなり、大変な事態になると言われている。輸入に頼っていては、わが国の国民は餓死してしまう（と警告する研究者もいる）。わが国の農漁業振興は生鮮食料品等流通の前提となる。

　今日、適正価格問題が浮上しているのもこれが背景であり、農林水産省も「適正な価格に関する協議会」を立ち上げて検討する姿勢である。これは重要なテーマである。これまでのセリ・入札取引は、生産者の生産原価がいくらか、生産者の経営持続という意識はなかった。安ければ出荷を控えること

で需給調整されるという間接的な仕組みであった。コスト意識が高まり、これでは通用しなくなっている今日、この問題の深堀りは、関係者はもとより、学問的なテーマとしても非常に重要なものとなっている。何人かの研究者とも話しているが、そう簡単なテーマではない。筆者も重点的な研究課題として取り組んでいきたいと考えている。

第3章

わが国卸売市場の現状

1 卸売市場は上り坂→頂点→下り坂へ──東京都中央卸売市場を例として

　改正卸売市場法で卸売市場の様相が大きく変わろうとしている今日、ちょうど今年（2023年）で100年となる中央卸売市場法（1923年制定）という機会に、中央卸売市場法発足から今日までの変遷を見たいと思っていたが、ちょうど、東京都中央卸売市場年報の青果物編と水産物編に、全体を網羅するデータが掲載されており、更に東京都中央卸売市場のホームページで昨年（2022（令和4年））の速報値など、豊富なデータもあるので、これを元に東京都中央卸売市場について概説するが、全国的な動向と連動していることは言うまでもなく、広く参考になると考えている。

　1935（昭和10）年に開設された東京都中央卸売市場では、東京都中央卸売市場年報に、水産物と青果物についての数値データが、水産物は1936（昭和11）年以降の、青果物は1935（昭和10）年以降の、毎年の取扱数量、取扱金額、単価、東京都の人口が記載されている。単価を除いては、グラフにもされており（図2、図3）、毎年更新されている。グラフは、水産が1936（昭和11）年から、青果が1962（昭和37）年からとなっている。

　これを元に、中央卸売市場法施行以来のわが国卸売市場の推移の事例研究としたい。図については、推移の変化がよりシャープに出ている水産市場を先に紹介する。

(1) 東京都中央卸売市場水産物部の開場以来の取扱推移

　図2は、東京都中央卸売市場水産市場（3市場計）の開場以来、令和3年

図2　東京都中央卸売市場水産物部の取扱推移グラフ

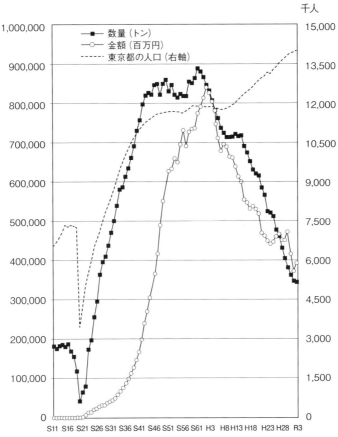

令和4年版東京都中央卸売市場年報農産物編17ページ

までの数量（太線）、金額、東京都の人口のグラフである。数量は■線、金額は○線、人口は点線で表されている。高度経済成長期に急速に増えていたが、1871（昭和46）年に初めて前年より低くなり、翌年からは横ばいの時期を経て上昇し、バブル崩壊直前の1987（平成62）年をピークとして、その後、坂道を転げ落ちるような減少となっている。2022（令和4）年の数値は、上昇期の1952（昭和27）年と戦後間もない時期まで落ちている。ピーク時から

6割減である。全国にはピーク時から8割減という中央卸売市場もいくつかある。地方卸売市場では9割減もある。水産では、まさに危急存亡と言う言葉が当てはまる状態の卸売市場も少なくないということになる。

①水産市場の取扱数量（重量）

　開場後、通年でフルに稼働した1936（昭和11）年の水産物取扱数量は18万トンであり、戦争激化、終戦時の落ち込みから復活へと動き、1949（昭和24）年に20万トンと戦前水準を超えた。それからは中央卸売市場法によるセリ・入札原則がフル回転し、卸売市場は多くの買出し人で賑わった。

　1955（昭和30）年には高度経済成長が始まり、**図2**に見るように、うなぎ上りの増加が続いていたが、やがて上下を繰り返す展開が続いてピークが1987（昭和62）の89万トンで、以後、減少に転じ、1993（平成5）年には70万トン台になり、途中1997（平成9）年から2002（平成14）年までの横這い時期もあったが、2003（平成15）年には60万トン台、2009（平成21）年には50万トン台、2014（平成26）年には40万トン台、2018（平成30）年には30万トン台、と数年ごとに10万トンの大台の減少が続くという、驚くべき減少速度となっている。2022（令和4）年には32.4万トンと、登り坂の時の1952（昭和27）年の33.9万トンの水準より下がってしまっており、このままでは、2、3年で20万トン台になる恐れがあるところまで来ている。直近値である2022（令和4）年の数値はピーク値の36.4%、つまり6割強減ということになる。

　しかしながら、30万トン台を割る事態はなんとしても回避したく、対策に全力を挙げることが、全国の水産卸売市場を救うことにもなる。

②水産市場の取扱金額

　円の価値の変動（特に戦前と戦後では大きく違う）を考慮に入れずに金額を並べても、比較は困難であるが、卸売会社の経営は取扱金額がもっとも重要なので、その意味では、1990（平成2）年の8,737億円がピークで、以降はずっと下り坂になっていることは好ましくない。

　数量の減少の状況との比較で見ると、次に述べるように、単価の上昇が続いていることが、金額ベースでの状況を救っているということは言える。しかし、金額は諸般の状況変化で変動するものであり、単価下落で一気に経営に影響することも過去に何度もあった。その意味で、数量の下落は将来に暗い影を落としている。

　取扱金額は、1993（平成５）年に７千億円台になり、1995（平成７）年に６千億円台に、2003（平成15）年に５千億円台に、2009（平成21）年に４千億円台に、2020（令和２）年に3,959億円と３千億円台になっていたが、2022（令和４）年には4,415億円と４千億円台に戻した。単価は情勢の変化で変動するので、確実なことは言えないし、購買力の限界があるので、単価が青天井で上がるということはない。いつか暴落する。

　表２に、1980（昭和55）年からの単価の動きを示す。2017（平成29）年から1,100円台になり、2022（令和４）年からの急騰がある。2023（令和５）年の東京都中央卸売市場ホームページからの月別速報値でも1,300円台が続いている。

表２　東京都中央卸売市場における水産物卸売価格単価の推移

年	1980	1990	2000	2010	2016	2017	2018	2019	2020	2021	2022
単価	799	998	885	815	1,047	1,112	1,137	1,147	1,074	1,138	1,363

東京都中央卸売市場年報より

③水産物の部類ごとの取扱高の推移

　水産市場の取扱減が大きな問題となっているが、部類ごとに取扱高の様相が異なるので、その分析が重要である。**表３**に、東京都中央卸売市場における主要部類ごとの取扱い状況を示した。

　表３を見ると、ピーク時の23年前の1964（昭和39）年—東京オリンピック開催の年—には、鮮魚の比率が43.0％と高く、加工品と冷凍品の比率が低か

表3　東京都中央卸売市場における総流通量に対する部類別取扱い状況の推移
　　　※はピーク値

項目 年	総量（トン）	鮮　魚（%）	冷凍品（%）	加工品（%）
S39（1964）	661,464	284,642（43.0%）	153,483（23.2%）	187,018（28.3%）
H2（1990）	867,538※	176,894（20.4%）	292,751（33.8%）	311,685（35.9%）
H10（1998）	715,881	188,628（26.3%）	181,681（25.4%）	283,518（39.6%）
H23（2011）	569,155	171,838（30.2%）	138,474（23.8%）	198,350（34.8%）
H28（2016）	434,290	148,631（34.2%）	87,810（20.2%）	145,071（33.4%）
R3（2021）	347,918	131,480（37.8%）	68,458（19.7%）	108,582（31.2%）
R4（2022）	323,918	123,105（38.0%）	64,276（19.8%）	97,875（30.2%）
R4/H2※%	37.3%	69.6%	22.0%	31.4%

東京都中央卸売市場ホームページ、平成10年以前は単独の東京都中央卸売市場年報による

った。それが、1990（平成2）年のピーク時には、加工品と冷凍品が大きくシェアを伸ばして、1位と2位を占め、鮮魚比率が3位の5分の1まで下がっているのが特徴的である。それでも鮮魚取扱数量の数値はしばらく横ばいで、平成の末期になってから減り始めている。その間に冷凍品と加工品の取扱数量は急角度で減少していっている様子は表3のとおりである。

　1964（昭和39）年には鮮魚が多く、その後は冷凍品と加工品が多くなり、バブル崩壊1991（平成3）年以降は、再び冷凍品と加工品、特に冷凍品の減少が激しくなった理由として、筆者がいまのところ思いつくのは、1964（昭和39）年ごろは高度経済成長期の最中であり、企業活動が活発になり始めた時期で、これまでの延長で産地発の鮮魚が多かった。その後、企業活動の本格化が冷凍品と加工品の増加と卸売市場出荷の増加の理由である。バブル崩壊で、企業活動も縮小傾向になったことで、再び鮮魚が中心になっていった。この間の人口減少の本格化などの影響もあるかも知れない。

　頼みの綱の鮮魚の取扱数量も、平成末期から今日に至るまでは減少の一途で、1990（平成2）年と比して、直近の2022（令和4）年には、東京都中央卸売市場の水産物全体の取扱数量（重量）は37.3%と、6割強の減少となっている中で、鮮魚は69.6%と3割減にとどまり、冷凍品は22.0%と8割減、

加工品（塩干加工品とも言うが、東京都中央卸売市場年報では「加工品」と表記）は31.4％と約7割減となっている。冷凍品と加工品の大幅減少は明らかである。この違いは、鮮魚は漁業者が採取してきたものを、漁港などに集約して産地市場から消費地卸売市場へと出荷するルートが中心であるのに比して、冷凍品や加工品は企業が扱う商品なので、卸売市場以外への販売も多いからと考えられる。

④一人当たり供給量との関係

東京都の人口は、1936（昭和11）年には657万人、終戦の1945（昭和20）年には、疎開、空襲等で349万人に減ったが、その後回復し、1951（昭和26）年に671万人と戦前を超え、以後、1955（昭和30）年に800万人を超え、1958（昭和33）年に900万人台、1962（昭和37）年に1,000万人台、1967（昭和42）年に1,100万人台、2000（平成12）年に1,200万人台、2010（平成23）年に1,300万人台、2021（令和3）年に1,400万人台、と後半は伸びる角度は小さくなったが、直近のデータである2022（令和4）年の人口は、1,404万人と、86年前の1936（昭和11）年の2.1倍となっている。

人口が2.1倍に増える中での卸売市場取扱量の大幅減少というのは、1年間一人当たりの量に換算すると、開場翌年の1936（昭和11）年で27.9kg、バブル崩壊前後の絶頂期1987（昭和62年）で74.7kgであったが、2021（令和3）年で24.8kgと、なんと85年前の開場時を下回っているのである。これだけ、都民の魚消費が減っているというのも深刻である。

なお、東京都中央卸売市場年報のデータは、年度ではなく暦年であることに留意していただきたい。

これだけの衰退原因については、3つの大きな理由があると考えている。①総流通量が大きく減少していることでわかるように、そもそもわが国の水産物生産が少なくなっている、②そのなかで卸売市場経由率が下がっている。特に鮮魚以外での卸売市場出荷が減少している、③消費者の水産物購入量（摂取量）が少なくなっている。この詳細な分析が重要である。

(2) 東京都中央卸売市場野菜・果実別の取扱推移

①取扱推移のグラフ

　図3は、東京都中央卸売市場の野菜（実線）、果実（点線）、人口（破線）の取扱推移である。なお、グラフの起点は、1962（昭和37）年である。

　図3にあるように、数量は、青果は水産に比べると減少率は低いが、漸減傾向は変わらない。特に果物は早めに減少が始まり、減少の角度も急で、ピ

図3　東京都中央卸売市場野菜・果実別取扱推移

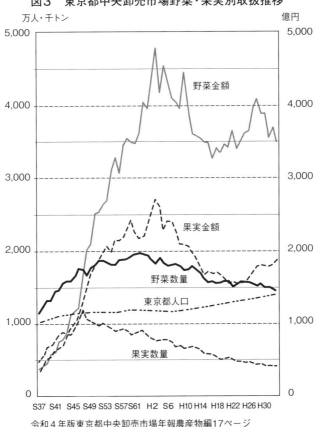

令和4年版東京都中央卸売市場年報農産物編17ページ

ーク時から65％減という非常事態とも言える状況である。数量はそうであるが、単価の急上昇で金額の減少ペースは少なく、最近は上昇するという特異な動きを示している。

　東京都中央卸売市場は、全国的には大規模拠点市場として、他市場に荷を送る立場であり、他市場と比較して減少傾向は低い。

②野菜の動きの概括

　野菜の数量は、ピークの山は鋭くないが、ピークの山がバブル崩壊より少し早い1987（昭和62）年に来ていることは、水産と同じである。その後ゆるい下り坂になり、ピークを頂点とした山型になっているのも水産と同じであるが、平成後期に入ってから、下降傾向がさらにゆるくなり、横ばい状態がしばらく続いた。それが、令和に入るころから、再び下降傾向になりつつあるように見える。もう少し様子を見ないとはっきりしないが、上昇ということは考えにくい。

　取扱金額はバブル崩壊までは急カーブの上昇となっている。これは単価が上がったためで、高度経済成長の影響もあると思う。バブル崩壊以後は、取扱数量と取扱金額のカーブが平行に動いているので、単価は横ばいと判断できる。現に、東京都中央卸売市場年報に記されている野菜の単価は、金ドル交換停止（ドルショック）の1971（昭和46）年で68.75円／kgだったが、1974（昭和49）年に121.83円／kgと100円台になり、バブル崩壊期の昭和63（1979）年に206.56円／kgと200円台となり、以降、今まで34年間、200円台を続けている。比較的安定しているのが野菜の特徴である。とは言っても、青果の卸売会社は、水産の卸売会社よりも一極集中の傾向が強く、出荷者の大規模卸売会社への出荷集中傾向が大きいので、格差拡大は水産市場よりも進んでいるという厳しさがある。

③野菜で卸売市場経由率が高いもう一つの理由
　野菜で卸売市場経由率が高いもう一つの理由、それは水産にはほとんどな

い出荷奨励金の存在である。出荷奨励金は、本来は、戦後できた農業協同組合の強化を図るために制度化されたものと筆者は考えている。卸売業者が産地の出荷を促すために出荷量に応じてインセンティブ（出荷金額に比例して支払われる報奨金制度で、卸売市場出荷の動機になる）を与えるもので、制度化された取引慣行となっている。これが農協が卸売市場に多く出荷する動機となり、卸売市場への農協系統出荷率は高い。

　それに加えて、水産では必ずしも完全ではないとされている代払い制度による迅速確実な決済が、青果では広く普及している。これも、出荷側にとってはありがたい制度である。これが、特に系統出荷団体が卸売市場出荷にこだわる理由である。なお、個人出荷は出荷奨励金の対象とはなっていない。系統出荷ではなく、個人出荷人の取扱いを中心とする卸売会社は、出荷奨励金（卸売価格の最高1.4％、特別出荷奨励金を入れても1.7％）として平均1％前後は出荷者に支払っており、通常の中央卸売市場の野菜取扱い手数料率である8.5％から1％が引かれて、7.5％となる。出荷奨励金がなければ8.5％で、取扱額が100億円とすると、営業利益に1億円の差が出て、無視できるレベルではない。

　さらに、長期間安値傾向が続いていると出荷側が思うと、無条件委託販売で決まったはずの卸売価格に、産地・出荷側として希望価格を表明するようになる。それがより強い要請になると、卸売会社が差損が出ても要求に応えることで集荷の確保をするようになり、それが経営悪化につながって問題となっている。ただし、生産者の経営が立ち行かなくなるほど卸売価格が安くなると、困るのは入荷がなくなる卸売市場側である。双方で折り合いをつける必要がある。これは、卸売価格形成のあり方の根本的考察が必要で、中央卸売市場法のしくみをいつまでも引きずっていてはいけないということかも知れない。改正卸売市場法では、仲卸業者が所属卸売市場・卸売会社からの仕入れ限定もなくなり、卸売会社も第三者販売の制限撤廃で誰に販売してもよく、卸売会社と仲卸業者の関係も流動的なものとなっていて、新段階への過渡期と言える。

④東京都中央卸売市場における果実の取扱数量・金額・単価の推移

　最大規模の東京都中央卸売市場における果実の卸売価格の推移を**表4**に示した。

表4　東京都中央卸売市場の果実取扱規模の推移　P＝太字ピーク値

単位：千トン、億円、％、円/kg

暦年	S30	S40	P/S48数	S60	P/H3額	H10	H20	R3	R4	R4/P値
数量	271	696	**1,195**	846	771	b655	526	402	389	33.7%
金額	137	549	1,273	2,421	**2,702**	2,010	1,624	1,878	1,911	69.5%
単価	50.4	78.9	106.5	286.1	350.2	319.1	308.5	466.6	**491.1**	100.0%

東京都中央卸売市場年報より

註：2021（令和3）年に入ってからの単価の急騰が目立つ。2022（令和4）年にさらに上がり500円台に近づき、2023（令和）年に入って果実の単価はさらに上がり、ついに500円の大台を超えて、1月535円/kg、2月541円/kg、3月578円/kg、4月533円/kg、5月532円/kg、6月546円/kg、7月546円/kg、と550円台を中心に推移している。
　なお、水産物も、入荷量は減少しているが、果実のような単価高が続伸していたが、夏に入って止まっている。その理由は、福島原発の処理水放出の報道が流れ、これまで買っていた外国の方で、それへの反応があったため、とされている。

　このように、果実の卸売価格単価は、特にこの2～3年、急騰している。2023（令和5）年に入って月別を見ると、500円/kgを超えている。その理由は入荷量の減少にあるが、これは米の生産過剰が問題になっていた時期に、国は転作を奨励し、多くの田んぼで果樹への転換が行われた。ミカンが典型的で、特に九州方面で水田をミカン畑にすることが行われ、最大時は1年で360万トンの生産があった。その後、生活環境の変化でミカンの消費量が減り、ミカン生産量は現在、70万トンである。価格高騰は、地元産地での販売が多くなって、卸売市場入荷量が減ったことと、外国（特に中国）の富裕層向けの、価格を問わない高級需要が増えて、それに対応する輸出果実の仕入れ価格の高騰が主な原因とされている。卸売市場で国内向け需要者を取引相手とする仲卸業者は、とてもそのような価格は提示できず、買い負けている現状があるようだ。

　果実は適地が限られ、出荷体制も大型出荷団体を通じての出荷が主流となっている。大型出荷団体による中間流通（卸売市場経由）を省いての大型需要者との直接交渉というのも出てきている。コロナ関係の状況変化で、観光が復活し、ふるさと納税返礼品や消費者のネット購入も増えており、地元での販売が増えていることも、果実に特有な現象として注目される。

2　卸売市場データ集による全国の卸売市場の現状と課題

(1)　卸売市場数の減少

　表5に卸売市場数の経緯を示す。

表5　卸売市場数の経緯

区分　　　　年度	中央卸売市場	地方卸売市場			
			公　設	三セク	民　設
1985（H60）	91	1,752	147	1,752	
2006（H18）	84	1,259	151	37	1,071
2019（R1）	64	1,009	147	31	831
2020（R2）	65	908	142	31	735
2021（R3）	65				

農林水産省　卸売市場データ集より

　中央卸売市場市場数は、長く88であったが、2005（平成17）年に制定された第8次卸売市場整備基本方針で、一定の取扱衰退値を示した中央卸売市場を指名で地方卸売市場に転換する措置を取った際、基準には達しなかったものの、衰退傾向があった中央卸売市場が自主的に地方卸売市場に転換する行動に出たこともあって、一気に中央卸売市場数が減少した。

　さらに、**表5**に見るように、旧卸売市場法の最後の中央卸売市場数は64であったのが、改正卸売市場法が施行された2020（令和2）年6月に65と1市場増えたのは、かっては中央卸売市場であった、ある地方卸売市場が中央卸

売市場に戻したことの反映である。改正卸売市場法では、中央卸市場の資格
要件を「卸売場等の面積要件と適切な業務規程」だけにし、取扱高減少など
の衰退化を条件からはずしたことで可能になった。これも、改正卸売市場法
による変化のひとつである。ただし、戻したのが１市場にとどまったという
ことも、その背景を考察すると興味深い。

(2) 総流通量と卸売市場経由率の推移

　総流通量については青果、野菜、果実とも30年を経過しても減り方は少な
い。一方、市場経由率は野菜は４分の３、果実は半分弱と差が出ている。

表６　総流通量と卸売市場経由率の推移

単位：千トン　花きは億円

| 年度 | 項　目 | 青　果 | | | 水産物 | 食　肉 | 花　き |
		野　菜	果　実			
1975 S50	総流通量	20,716	12,111	8,605	7,629	−	−
	市場経由率	88.0%	87.9%	88.1%	79.1%	−	−
1989 H1	総流通量	23,661	15,113	8,548	8,744	3,179	5,247
	市場経由率	85.3%	85.3%	78.0%	74.6%	23.5%	83.0%
2003 H15	総流通量	23,094	14,236	8,858	8,042	3,667	5,925
	市場経由率	69.2%	78.9%	53.7%	63.4%	12.2%	80.9%
2019 R1	総流通量	21,399	13,962	7,437	5,428	4,051	4,341
	市場経由率	53.6%	63.2%	35.6%	46.5%	7.8%	70.2%
R1/H1%	総流通量	90.4%	92.4%	87.0%	62.1%	127.4%	82.7%
	市場経由率	60.9%	74.1%	45.6%	62.3%	33.2%	84.6%

農林水産省　卸売市場データ集より

　水産物は、総流通量自体が30年間で４割弱も減少し、卸売市場経由率も４
割弱低下して、ダブルパンチとなっている。筆者はこれに、「消費者の魚離れ」
を加えて、水産卸売市場の三重苦と名付けている。水産物の流通量そのもの
が大幅に減っているのであるから深刻な状態で、卸売市場入荷だけに頼らな

い経営の多角化の検討も必要である。

　食肉は、総流通量は増えている。「消費者の魚離れ」の反対で、「消費者の肉への傾斜」である。食肉卸売市場では、牛、豚の生体での受け入れ・枝肉化をしているので、特に豚については、地元の産地食肉センターへの傾斜が大きくなって卸売市場出荷が非常に少なくなっている。2019（令和１）年の牛・豚別の数値は、総流通量が、牛1,361千トン、豚2,690千トン、市場経由率が、牛11.3％、豚6.0％となっている。豚は、単価が安いことと、牛の黒和牛のブランド性のような性格がないので、地元の食肉センターでの処理が増加しているためである。

　牛については黒和牛などの高級ブランドは、大都市にある食肉市場では高値が期待できるので出荷が多い。

(3)　中央卸売市場におけるセリ・入札比率の激減

　表7に見るように、青果、水産、花きではセリ・入札取引は激減している。食肉市場は、生体を枝肉にして一頭ずつ品定めして取引するので、部分肉流通にならない限り、セリ・入札比率は非常に高いまま推移すると思われる。

表7　中央卸売市場におけるセリ・入札比率の推移

単位：％

項目 年度	青　果	野菜	果実	水　産　物	鮮魚	冷凍	塩加※	食　肉	花　き
1978（S53）	83.2	85.2	82.7	45.1	83.4	16.1	33.9	84.2	99.6
1990（H2）	64.9	67.1	63.2	35.2	61.5	19.5	14.5	85.0	97.4
2003（H15）	26.5	26.2	27.7	24.6	40.8	16.6	6.6	90.7	58.0
2020（R2）	8.5	6.8	11.9	12.5	21.5	7.2	3.5	86.6	16.6
20／78％	10.2%	8.0%	14.4%	27.7%	25.8%	44.7%	10.3%	102.6%	16.7%

農林水産省 卸売市場データ集より
※塩加とは塩干加工のこと

(4) 中央卸売市場における委託集荷比率の低下（逆に言えば買付集荷比率の上昇）

表8　中央卸売市場における委託集荷比率の推移

単位：％

項目\年度	青果	野菜	果実		鮮魚	冷凍	塩加※	食肉	花き
1978（S53）	81.9	89.1	74.1	41.2	76.4	13.2	26.8	94.4	99.9
1990（H2）	81.0	86.8	72.8	38.9	55.9	13.7	25.1	90.	98.7
2003（H15）	72.3	76.6	65.0	32.1	52.0	12.9	18.1	93.7	96.4
2020（R2）	57.3	62.2	47.4	15.6	28.2	3.8	5.8	94.1	90.1
20/78%	70.0%	69.8%	64.0%	37.9%	36.9%	28.8%	21.6%	99.7%	90.2%

（※水産物の列見出し：水産物）

卸売市場データ集より
※塩加とは塩干加工のこと

(5) 青果と水産における委託集荷比率低下理由の違い

〈青果における理由〉

　青果は、もともとは委託集荷比集荷比率が高かった。それは、無条件委託出荷と卸売市場でのセリ・入札比率が高かったからである。出荷者は、各卸売市場の相場を見て、高い卸売価格が期待できる卸売市場への出荷という行動をとっていた。卸売市場間競争は、いかに大量の荷を受け、それをより高い卸売価格を出せるか、という競争であった。

　それが崩れていったのは、市場間競争の結果、次第に格差拡大が広がるようになり、そうすると出荷側も、拡大している卸売市場・卸売会社に出荷を集中させるという傾斜が進んで、ますます差がつくという悪循環に陥っていったからである。

　劣勢の側は、セリ・入札原則を忠実に守っていても勝てないとなると、産地・出荷者の希望価格にすり寄って、買付で集荷を確保しようという行動に出ることになる。当然、通常のセリ価格よりは高く買うことになり、しかし卸売価格は同じとするとコストアップにより利益率は下がる。こうして、集

荷が苦しい卸売会社ほど、買付比率が増えていくということになるが、経営悪化もますます進んで、持続性という点では不利になっていく。

　それが証拠に、小規模な地元の個人出荷品については、価格を問わず、セリで成り行き価格がつけられている。これは安くても、遠距離の他市場に出荷することができないからである。しかし、個人出荷ではあるが高品質品だと、小売側も有利販売できるので高値がつく。しかし大型卸売市場へ出荷するだけのロットがないので、広く出回らない、と言う状況もある。この状況は、生産者がネットで販売すると、有名特産品として興味が出て、事態は変わるかもしれない。これは、市場離れの一因となる。

〈水産における理由〉

　水産・鮮魚の場合は、出荷団体が大型で卸売価格について発言力を持ち、それが取引に影響するということはない。しかし、水産の方が、卸売会社による買付比率が8割程度と非常に高い。その理由は、消費地卸売会社と出荷側である産地仲買人の相互助け合いという行動にある。海で獲れる鮮魚は、漁船が漁港に水揚げし、漁港にある産地市場（ほとんどが漁協の経営）でセリ取引をする。買手はその卸売市場にいる産地仲買人で、産地仲買人は購入した鮮魚を消費地卸売市場の卸売会社に出荷する。産地仲買人と消費地卸売会社は固定的な関係にあり、相場を見て出荷先を変えるという行動は少ない。

　消費地卸売会社は、産地仲買人を大事にするために、消費地卸売市場の卸売価格が高めで、産地卸売市場の卸売価格が安めだった場合は、産地仲買人への送金額をプラスし（そのために経理上は買い付けたこととする）、逆の場合は、産地仲買人への送金額を調整するような操作をしているのが背景である。卸売価格と合わないために、買付というクッションをかませるということである。これは、お互いのためである。

　この事情の違いが、第3章わが国卸売市場の現状と課題4③、川上側－卸売市場－川下側の力関係の変化、の水産市場の図で、水産鮮魚の出荷側→卸売市場の矢印が平行線になっていることに表れている。

3　中央卸売市場と地方卸売市場の区別の考察

　中央卸売市場の資格条件の変更で、中央卸売市場へ復帰したということからの考察の展開として、卸売市場の意思で中央も地方も選べ、そのハードルは面積要件等だけ、ということになると、どうして面積要件を設ける必要があるのか、ということにもなる。面積要件がなければ、中央卸売市場と地方卸売市場を分ける根拠はなくなるはずである。将来、業界再編、卸売市場再編、他業種企業の参入、市場外流通との融合化、その他で様相が大きく変われば、それに見合った区分けになるだろう。

4　今日の卸売市場苦境の根幹→川上側 – 卸売市場 – 川下側の力　関係の変化

　これは、卸売市場の力関係の弱体化が卸売市場低迷の大きな要因であるということの考察である。経済理論的には、問屋制の位置づけの変化ということになる。

①〈問屋制卸売市場・中央卸売市場法（戦前）〉──青果、水産とも

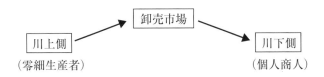

　川上側と川下側双方が個人営業だと、価格をつける卸売市場でのセリ取引が絶対となって、卸売市場に優位性がある。卸売会社のことを「大卸^{おおおろし}」と呼ぶ仲卸もいるということは、中央卸売市場法時代の名残であろう。

② 〈中央卸売市場法（戦後）・旧卸売市場法・改正卸売市場法〉

〈青果〉

川上側、川下側とも大口で、卸売価格に注文をつける力量がある。双方に対して下位にいるので、卸売市場企業の利益確保がむずかしい。

2022（令和4）年11月に廃業した青果卸売会社の社長は、原因として、「大型化するスーパーの価格訴求が強まり、産地希望価格とのギャップを埋められなかった」と発言した（2022（令和4）年10月26日付日本農業新聞）。筆者が同社社長に数年前に聞いたところによると、「産地からは高い価格を要求され、スーパーからは安くしてほしいと言われ、利益が出るどころではなく、大きな営業損失を抱えている。」これは同社だけでなく、一般的な話で、その切り抜け方の違いで赤字か黒字かということである。卸売市場の持続性の元である卸売会社の持続性確保をどうするか、ということは、これから取り組むべき大きな課題である。卸売会社も企業であり、通常の営業活動でそれなりの利益を安定的に確保できるのは当然で、いつも赤字黒字すれすれか、赤字で内部留保を削っているというのは、どこか間違っている。一方で、毎年、億単位の営業利益を確保している卸売会社も存在している。この違いについての考察も含めて、市場企業の利益率向上のあり方についての研究が重要である。

③ 〈水産鮮魚〉

川上側は、産地市場の産地仲買人で、経営規模は小さく、特定の卸売会社との関係が深い。川下側は、仕入れ先の仲卸に対して価格要求をする力量が

ある。漁労なので、生産・出荷に計画性が乏しく（養殖を除く）、スーパー等大口需要者側も価格要求しにくい部分がある。

　漁労の産地市場という関係ではない、養殖や冷凍、塩干加工品などの分野では、卸売会社の方も、これからの営業活動については、再考が必要かも知れない。

5　市場間格差拡大

(1)　市場間格差拡大の検証方法

　卸売市場取扱高がピークのころ（1987－昭和62 ～ 1991－平成３年ころ）には、卸売市場はわが世の春の雰囲気で、市場人はこれがずっと続くと思っていたのかも知れない。しかし、バブル崩壊は突然やってきて、山一證券や北海道拓殖銀行の倒産などが起き、わが国経済は暗転した。あれから30年、経済は戻らないまま過ぎている。これからの見通しも立っていない。国際情勢の緊迫化という事態にもなっている。

　卸売市場制度も、2016（平成28）年の内閣府規制改革推進会議の提言で、卸売市場法という特別の法制度に基づく規制の廃止の提言が出され、２年後に改正卸売市場法の制定、さらに２年後の2020（令和２）年に同法施行、と大きく変わった。法改正がきっかけということではなく、それまでの長い卸売市場を巡る状況の変化の中で、卸売市場・市場企業間の格差拡大も進んでいった。筆者も、格差拡大が進んでいるとはアナウンスしていたが、その数値的裏付けについては課題であった。

　現実に起きている市場間格差拡大の実態を把握することの重要性は言うま

でもなく、その分析手法について以下に整理する。

①地元人口一人当たりの取扱金額方式

　これは、筆者が「農林リサーチ」誌2014（平成26）年2月号に、「ひとつの指標から見た卸売市場の性格分析」と題して執筆掲載したもので、市場間格差の把握手法をテーマとした提供資料として、取扱高（金額）を、立地する地元自治体の人口で割る手法で、一人当たりの金額を計算し、それとその卸売市場企業の経営状況と照らしてみて、3万円あれば、その自治体の人口をほぼ充足していると結論付けて発表した。1万円と言う卸売市場には周辺他県に大型拠点市場があって、その自治体の小売店が大量にそちらに仕入れに行っていた。逆に5万円と言う卸売市場があり、そこは大型拠点市場で、地元住民の充足量をはるかに超えて、広範囲に販売網を拡大していた。つまり、この方式は、その卸売市場の立ち位置を推察する参考データになるということがわかった。1万円などの卸売市場は、公設で自治体が赤字を出してまで継続する必要があるのか、ということになりかねない。

②全国の卸売会社の中での各卸売会社の取扱シェアの比較による方式

　2023（令和5）年6月19日付農経新聞に、「地方市場の格差拡大」と言う見出しのトップ記事が出た。同紙には2022年度・全国地方卸売市場青果卸取扱高調査一覧表が掲載されていて、調査対象は300社・支社の取扱高である。その内、100億円以上の取扱高がある24社の合計取扱高は、全体の47.2%で、中小・零細との格差はこれまで以上に開いている、としている。全国の指標を把握する、ひとつの方式となる。長期的推移をつかめば、興味ある内容があると思われる。

③同一ブロック内での個々の卸売市場毎の取扱高比率方式

　同一ブロック内での勢力関係がわかる。首都圏や関西圏などでは、大型拠点市場が圧倒的な位置づけを持っていることが明確になる（一部部類に例外

あり）。これが、広域連携・連合市場構想の具体化の参考になる。前述した
ように、同一ブロックでは、都道府県境を超えた視野でのサテライト方式し
か、対応する手段がないということが明確になるだろう。水産では豊洲市場
に東京都が設置した転配送センターが、域内他市場の集荷支援の役割を果た
している。このような機能を開設自治体が設置した、初めてで唯一のケース
である。

④卸売会社の財務指標による方式

　全国の卸売会社の財務指標（貸借対照表、損益計算書による営業損益、経
常損益、当期損益、純資産、取扱高の推移、などのデータの一覧表をつくり、
経営内容で分類する。経営内容が好ましいグループと問題があるグループの
比率の推移を見ると、格差拡大を知るひとつの指標となる。

⑤買付比率による方式

　中央卸売市場法では、全部がセリ・入札によるので、買付集荷は違法であ
った。旧卸売市場法では、買付を例外として認めた。昔は買付集荷が少なく、
近年はかなり多くなっている傾向がある。把握している最古と直近のデータ
を、表9に示す。

表9　中央卸売市場における買付比率の推移

	青　果	水　産	食　肉	花　き
1978（S53）	15.3%	64.4%	8.0%	0.5%
2020（R2）	42.7%	84.4%	5.9%	9.9%

農林水産省：「卸売市場の現状と課題」、「卸売市場データ集」より

　このように、42年間で大きな変化がある。これを各卸売会社のデータとし
て見ると、卸売会社の経営力の優劣がわかる。ただし水産市場については別
の事情があり、この限りではない（卸売会社と産地仲買人の相互支援）。また、

食肉市場は、生体搬入に基づく枝肉販売が中心であり、ほぼ全量でセリが行われているので、考察から除外する。

　中央卸売市場法と旧卸売市場法では無条件委託出荷・販売が原則であり、委託比率が高かった。それが低くなる大きな理由は、出荷者からの強い希望価格要請があるか、卸売会社の集荷力が弱く、出荷者が納得する価格で購入する（セリ価格より高くなる）のどちらか、または両方と言うことで、卸売会社の立場が弱いことであり、買付比率が高いということは、その指標になる。高く買いつけても、相場があるので高くは売れず、経営内容悪化の原因にもなる。

　買付比率がまだ低かった時代、大型拠点市場の大手卸売会社の買付比率がせいぜい５％程度だったころに、50％、極端な場合は80％という高率の買付け比率の卸売会社があった。地方にあり、規模も小さいという卸売会社に多く、まさに市場間格差である。買付比率の増加は、その卸売会社の集荷実態を反映しているという部分がある。

⑥個々の卸売会社の経営指標を元にした考察

　経営指標の基本は、貸借対象表（BS）と損益計算者（PL）である。貸借対照表では、資産の部として売掛金、貸し倒れ引当金、固定資産、貸倒引当金、負債の部として長期借入金、純資産の部として資本金、純資産、損益計算書では、営業利益、経常利益、当期純利益、それらから計算できる資本比率や流動比率などが筆者が注目している項目である。

　一般には、卸売会社の株主総会で株主に配布する事業報告書に、その全容が記されており、これを入手できると経営の基本的事項はすべて記載されている。株主以外は、友好社とは交換するようだが、法的には、改正卸売市場法第四条第五項の表の六の項㈡に、「卸売業者は当該事業報告書（出荷者が安定的な決済を確保するために必要な財務に関する情報として農林水産省令で定めるものが記載された部分に限る）について閲覧の申し出があった場合は、農林水産省令に定める正当な理由がある場合を除き、これを閲覧させる

こと、とされている。

　これを受けての省令第七条では、第3項で「貸借対照表と損益計算書」と指定され、第4項で正当な理由として「一　当該卸売業者に対し卸売のための販売の委託又は販売をする見込みがないと認められる場合、二　安定的な決済をする観点から当該卸売業者の財務の確認する目的以外の目的に基づき閲覧の申し出がなされたと認められる場合、三　同一の者から短期間に繰り返し閲覧の申し出がなされた場合」となっている。

　研究者が情報を入手しようとすると、正当な理由にはあてはまらない。株主総会に提出する事業報告書を入手できれば、すべて記載されているが、承諾してもらえるとは限らず、入手できてもこれを公表することは、承諾を得ないとできないだろう。これらの内容を、一般的な考察において頭に入れておくことは、思考の正確さに資することは間違いないが、一般論化した上で慎重に扱う必要がある。

　なお、会社名鑑などの発行書では、卸売会社の取扱高、経常利益、純利益、配当などが掲載されている場合があり、この引用は可能であろう。数少ないが、株式市場に上場している卸売会社については、有価証券報告書がホームページに掲載されており、確認することができる。専門紙・誌には、年度の取扱量・額は記載されているが、経営指標データが掲載されている紙誌は少ない。

　研究者の場合は、入手できた資料数が少なく、ジャンルに偏りがあると、統計的処理に信頼性がないことも問題である。研究者にとって、市場間格差拡大は、これからの卸売市場研究には重要なテーマであるので、その考察のためにも、市場企業の経営状況の把握は大切であるが、ヒアリングなどで信頼関係をつくることから始める必要があるだろう。

(2) 市場間格差拡大の背景

①出荷側による出荷先の集中

②卸売会社の有力顧客であった地元スーパーが大手スーパーチェーンの傘下に入ることにより、地元卸売市場からの仕入れ中止か減少。

③買出しの中心が個人商店である卸売市場での買出し人数の減少。

④出荷者からの荷が拠点市場経由（転配送）となり、経費増で経営悪化。

⑤出荷者の希望価格表明、買手側の価格訴求などの板挟みで経営体力低下。

⑥公設、三セク卸売市場で、開設者の財務状況悪化により市場会計赤字に耐えられなくなった場合。施設使用料無料などを条件として行政が撤退し民営化した卸売市場では、施設の老朽化で持続性が行き詰まる。または、使用貸借契約にある期限が来て、契約延長に行政側が難色を示す。または使用料値上げで、市場企業の経営が悪化する。

6　部類ごとの主要課題

(1) 青果部

　青果は、市場企業が出荷者の希望価格による差損負担をかぶっているので、経営状態が悪化しており、中小市場から卸売会社の倒産・廃業、および内部留保の枯渇によるその予備軍が急増している。これでは卸売市場の持続性確保どころではない。これについては、産地・出荷者も理解しなくてはならない。しかし、卸売市場側も、生産者の経営が成り立って初めて卸売市場への出荷があるわけで、両者の折り合いをどうつけるか、という視点での考察、研究、そして行政のかかわり方、なども含めて努力していくことが肝要である。

　ただ言えることは、生産者が農漁業を続けられるだけの収入（利益）の確保が安定的にできる政策が基本的に大切で（「適正価格」の考え方）、国内農業の拡大で食料安全保障をというなら、これを是非強化していただきたい。

この政策が不十分では利益が出ない状況になる。当事者間の話し合いだけでは展望は出てこないのではないだろうか。

2022（令和4）年秋に廃業した青果卸売会社の社長は、経営断念の理由を、「スーパー等の価格訴求と出荷者の希望価格（の挟み撃ち）」と述べていたが、このようなことでは、利が薄い卸売会社側はカバーしきれず、大きな赤字要因となっているのが実態である。これがまかり通るとすれば、卸売市場の病根は深い。

(2) 水産物部

水産物卸売市場の卸売会社、仲卸、小売などは、いま、国内漁業の後退、卸売市場経由率の低下、消費者の「魚離れ」の3重苦に苦しんでいる。ピーク時からの取扱高も大幅に減少し、減少比率もよくて4割減、ひどい卸売会社では8〜9割減という状態である。これでは、一時代が終わったということになる。

卸売場の空きスペースや仲卸の空き店舗が目立ち、入場企業の使用面積の部分的返上で開設者の会計も悪化している。最近の卸売市場再整備は、使わなくなった余剰地に収益施設をつくって、その収入で卸売市場を何とか維持しようという、30年前までは考えられなかった方式が登場して来ている。

将来の人口減でそれはさらなる縮小、そして最後には閉鎖という経過にならないよう、ここで踏ん張って反転攻勢にでる戦略を練らなければならない。

(3) 花き部

花き部は、商品の種類が多く、切り花は鮮度を必要とするので商品寿命が短い。卸売市場での取扱いに手間を要する。鉢物は卸売場での段積みができず売場使用効率が悪い。いまの手数料率では低すぎる。切り花、鉢物ともプラス2％は欲しいという声を聞いているが、その分、生産・出荷者の負担が増えるというのでは生産者は耐え難いであろう。それをどうするか、という課題がある。大口需要については産地と需要者間の直接取引も増えており、

卸売市場としての経営自由度をどう高めるか（「荷受けからの脱却」）、も課題である。

(4) 青果・水産の総合市場について

　青果と水産がある総合卸売市場は、相互の部類が助け合って、特にスーパーとの取引には総合性が活かされている。どちらかが欠けないようにすることが大切である。花き部がある場合は、さらなる総合性が発揮できるような工夫もこれからの課題である。改正卸売市場法を活かして、もっと取扱部類を増やしてもよい。卸売市場にあまり関係ない事業に余剰地を使うのではなく、総合的に卸売市場にプラスになる取組みを進めてもらいたいし、基本法見直しで、食料安全保障の強化に取り組むのをチャンスととらえ、余剰地などという表現ではなく、食料安全保障対応地という考え方で、有効な方策を立案実行することを期待する。

　※食肉部は卸売市場経由率が非常に低いので割愛する。

第4章

物流事情逼迫化と卸売市場

　物流の2024年問題を、改正卸売市場法施行から4年というタイミングで迎えることになる。物流、特に長距離物流の規制強化により、生鮮食料品等の輸送についても大きな影響が予想されている。

1　物流問題についての情報

(1) 研究者の発言紹介

　流通経済研究所・折笠俊輔主任研究員「標準化と物流問題から見る生鮮流通」生鮮取引電子化推進協議会（事務局：公益財団法人・食品等流通合理化促進機構）発行『生鮮EDI』令和5年3月号「標準化と物流問題から見る生鮮流通」より

　生鮮流通のボトルネックとしての物流——トラック輸送の割合は96～97％。1件当たりの貨物量が減少。1995年には1.66トンの物量が、2015年には0.48トン。これは輸送頻度が上がっていることを示している（少量多頻度化）。加えて、積み込みの手積み・手おろしの荷役で運転手の負担増と時間外労働が増加。生鮮食料品等のような軽量品はバラ積みがパレットよりも15～20％は多く積める。また、物流企業が荷役をサービスとして提供しているケースが少なくないことも手荷役が多いことにつながる。農水産物輸送ではトラックドライバーの拘束時間は平均で12時間32分と他の品類より長く、うち3時間以上が荷役となっている。卸売市場では荷役時間の集中も問題となっている。

　解決策として、2つの視点から考える。1つは、1台のトラックの時間効率の向上、もう1つは1台のトラックの積載率の向上である。これによりト

ラックの生産性を向上させ、物流を円滑化できる。

　トラックの時間効率の向上については、運行距離を短くはできないので、時間効率を高めるためには運行時間以外の部分（荷下ろしなどの荷役）と納品待ちの待機時間の削減しか方法はない。→一貫パレチゼーション。循環利用、段ボール等の外装サイズの統一などの課題。

　積載率の向上については、国交省の平成28年の調査によると、トラックの平均積載率は約40％である。積載効率で問題となるのは、数百kgから4〜5トン程度の単位での輸送効率が悪い部分。出荷拠点が分散していることに原因がある。これへの対応施策として、スマートフードチェーンプラットホーム（ukabis）を活用して実施した「共同物流」がある。「共同物流」とは、複数の生産者でトラックをシェアして運ぶシステムである。

　スマートフードチェーンを使い、出荷者間のデータ連携を行ってトラックのシェアを実現する。圃場・出荷場間の距離が短く、温度帯（冷蔵）が同一、仕向先の地域が同一というのが条件。実験では、個別対応よりも0.8〜23％程度の削減ができた。つまり、いかに荷物を集約できるかが重要である。生鮮EDIもこれらの実現に欠かせない要素である。

（2）スマートフードチェーンプラットホーム（ukabis）について

　スマートフードチェーンプラットホーム（ukabis）については、2023年3月8日付で、慶応義塾大学SFC研究所から、報道関係者各位として、「慶應義塾大学SFC研究所（神奈川県藤沢市、所長：飯盛義徳）が参画する、戦略的イノベーション創造プログラム（SIP）「スマートバイオ産業・農業基盤技術」スマートフードチェーンコンソーシアムでは、フードチェーン（食の生産、加工、流通、販売、消費、資源循環、育種/品種改良）を最適化するスマートフードシステムの実現を目指し、研究開発を行っている。この度、スマートフードシステムの情報連携基盤となるスマートフードチェーンプラットフォーム「ukabis」を始動し、社会実装を加速化させるとともに、ステークホルダーの皆さまに向けた幅広い発信活動を開始いたします。」とする

メッセージが出されている。（ホームページより）

〈スマートフードチェーンプラットホームについての筆者のコメント〉

　スマートフードチェーンプラットホーム（ukabis）については、折笠俊輔主任研究員の論文を見ると、出荷者間のトラックの効率的な利用ということのようであるが、これを前提に考察すると、これは卸売市場に関係ないということではないと考えられる。ある地域を想定して、その地域での中核的卸売会社が、その地域の出荷者・出荷団体の出荷品をすべて同社に出荷してもらい、同社ではそれを東京とか大阪とか大型卸売市場向けで出荷することにより、出荷側は輸送距離が短距離で済むことにより出荷経費の節減になり、卸売会社側は、荷が集中することにより、大型トラックの使用などの効率化、トラック台数の節減ができ、大量出荷による大消費地卸売市場におけるシェア向上などを見込めると考えられる。産地に立地する卸売会社による集荷拠点構想と言える。これはすでに、青果卸売会社（北九州青果(株)）から構想が発表されている（九州の荷を北九州→横須賀へフェリーでまとめて輸送）。

(3) ある運送会社社長の発言

　ある運送会社社長は講演で、「運賃を倍もらっても採算が取れない。東京、大阪、福岡に大きな物流拠点をつくって拠点間をトレーラーなどで運び、そこから小さい車で細かく運ぶとスムーズに流れるのでは」と発言している。

(4) ドライバー不足の現状

　ドライバー不足は長距離トラック運転手だけではない。以下のように非常に深刻になっている。

①タクシードライバー不足
- 流しのタクシーは空車がなかなか来ない。長蛇の列で深夜のタクシーでの帰宅は当てにならない。タクシーの配車依頼は、依頼殺到で空車がなく、

長時間待たされる。しかし、車庫には空車がたくさんある。流しのタクシーがつかまらない。

- 東京のタクシードライバー数：2020年3月58,257人→2023年3月48,515人で16.3％減、京都は2019年12月8,080人→2022年12月6,244人で22.7％減。

- 対応として、H交通→5月から賃金15％アップし、すべてドライバーの賃金増に充当、ライドシェアの容認など。ライドシェアについては、すでに外国では実施されており、わが国でも検討されているが、慎重論も根強い。

②バスドライバーも不足

- ドライバー不足で、車庫で動かないバスがたくさんある。バスは車両税が高いので、ナンバープレートを外して廃車扱いとする動きも出ている。必要となれば再登録。（23.6.7 TV朝日モーニングショー放映）

〈参考〉2019年の地域別輸送能力のデータ

地　　　　域	不足する輸送能力の割合
中　　　　国	20.0％
九　　　　州	19.1％
関　　　　東	15.6％
中　　　　部	13.7％
近　　　　畿	12.1％
北　海　道	11.4％
北　陸　信　越	10.8％
東　　　　北	9.2％
四　　　　国	9.2％

全国の不足する輸送能力（2019年のデータ）

不足する輸送能力の割合	不足する営業用トラックの輸送トン数
14.2％	4.0億トン

（表の出所）2023年6月4日付農業共済新聞記事より

　これを見ると、2019年の段階で、すでに相当程度の輸送能力不足があることがわかる。地域差も大きい。最も人口が多く、物流が集中する関東でも不足割合は高い方である。これで2024年問題を迎えるとどういうことになるのか。

2　国による物流改革の取組み

(1)　物流改革に関する関係閣僚会議の政策パッケージの内容

- 物流危機に対応する政策パッケージ。2024年の通常国会での法制化も視野に内容具体化
①商慣行の見直し→荷待ち、荷役作業の改善を各事業者に計画作成・実施状況の報告、不十分な場合は勧告・命令、監視する「トラックGメン」の設置
②物流効率化
　パレットの規格統一／鉄道や船舶への強力な推進
③行動変容を促す→荷主・運送業者による改善の取組みの評価・公表、消費者には現在12％とされる再配達率の半減を目標に意識改革を促す、の柱を農水・国土交通・経済産業の3省によるガイドラインとして策定。トラック運転手の荷待ち・荷役作業を1運行当たり2時間以内（現在3時間以上と推定）。
　年内をめどに業種・分野別の行動計画の作成・公表を要請。

(2)　卸売市場再整備における農水省の方針（場内物流）

＊整備の方向性
- 大型車で搬入しやすい構造
- パレット荷役を前提とした設備
- 自動搬送機など人力作業の省力化（デジタル化）

＊整備と連動した取り組み

- トラック予約システムの導入
- パレット管理ルールの明確化
- 納品伝票の電子化など荷受け作業の省力化

（3）農林水産省の来年度（2024－令和６年度）概算要求（中継物流拠点）

　2023（令和５）年９月11日付農経新聞記事：「農水概算要求　物流24年問題へ対応　中継物流拠点を整備」。新規事業として、「持続可能な食品流通総合対策事業」に30億５千万円を要求。物流の標準化、デジタル化、自動化、中継共同物流拠点施設の整備などを図っていく。「中継共同物流拠点の整備」には25億円を要求している。

3　卸売市場における物流状況と改善の取組み

（1）生鮮食料品等の物流の特徴

　生鮮食料品等は、①産地の季節性が強く、１年中、安定した運送需要があるわけではない、②鮮度・品質管理を要求される、③複数部類の集荷品のトラックにおける混載に難がある、④卸売市場出荷の帰り荷の確保、などの運送事業の特徴が物流に大きく影響していることが課題である。

（2）物流にかかわる卸売市場及び関係企業等の動き

①卸売市場取扱量の下り坂傾向（昭和末期〜平成初期がピーク）→物流減少
②流通範囲のグローバル化→都道府県を超えた同一経済圏
③集荷力格差による転配送での物流増加（直接物流でないことによる段階増）
④集荷力が弱い卸売会社が、拠点市場まで自社従業員運転でトラックを出している。まとめ仕入れで、同市場への仕入れ業者が直荷引をしないで済む仕入れ代行の形。
⑤拠点市場側が方面ごとにトラックを各卸売市場を巡回販売する形態もある。

⑥系統共販率の低下傾向。出荷先の多様化で、直売所や地元納入など近在化が進む可能性。

⑦超長距離物流の台頭。大型拠点卸売会社→同市場仲卸→現地卸売市場やスーパー等需要者への直接納入

⑧市場外流通・企業による集荷と販売の増加

⑨地元スーパーが大手スーパーの傘下に入ることでセンター納品になり、地元卸売市場が衰退化。

⑩同一地域にスーパーが数社ある場合、スーパー側が、他社と違うブランドの商品の納入を要求。直荷引などが必要になるので、物流にも影響。

4　集中と分散システムの考察

(1)　大型拠点市場への荷の集中と分散

　大型拠点市場への他市場分も含めた荷下ろしがされるケースについて、開設者が正式に転配送センター施設を設置しているのは、東京都中央卸売市場豊洲市場水産物部の転配送センターだけである。他は、空地などでの正式ではない対応となっている。敷地の狭隘化で市場の荷だけで精いっぱいで狭隘化が問題になっている卸売市場もある。大規模拠点市場の周辺市場と、遠く離れて独立性が高い立地の卸売市場とは、異なる考え方が必要である。後者についてはまだ展望は見えておらず、地域農漁業の振興とも絡めた思考が必要である。

　大型拠点市場における他地域への荷の分散は、転配送センターによるもの以外では、拠点市場の仲卸が担っている比率が高い。大手仲卸では全国的視野になっている例もあり、物流の有力手段としても注目される。

(2)　転配送システム（専門施設）による物流事情改善

　豊洲市場での水産物転配送システム（水産卸売棟４階・5,000㎡）に注目。開設者である東京都が設置し、首都圏では、多くの産地から拠点市場である

豊洲市場に一次物流を集中し、他市場には転配送システムにより配送される
ケースが多い。開設者が作った正式施設では全国唯一である。これは物流事
情改善にも貢献する。後からでは設置が難しく、これからの再整備において
は最初から考慮されるべきである。旧築地市場水産物部では、正門付近のス
ペースで、他市場行きの荷の仕分けと配送が行われていたが、最初から考え
られた場所ではなく、混乱を招いていた。豊洲市場への移転再整備に当たり、
最初から設計されることとなったものである。

　他市場行きの荷を混載したトラックは、水産卸売棟の 4 階に着き、仕分け
専門企業が荷分けして、同じ方面の荷をまとめて配送される。豊洲市場行き
の荷は、エレベーターで下の階に降ろされる。使用料などのシステムもしっ
かりしていて、スムーズな運営となっている。

(3) 転配送システム（専門施設）がない卸売市場での転配送

①青果市場

　首都圏において大きなシェアを持つ大田市場で、他市場卸売会社への出荷
品も大田市場に降ろされ、他市場卸売会社はそこまで取りに行く横持ちが発
生している。公式には通過物ということになるが、その手続きはとられてお
らず、豊洲市場のような公式の扱いではない。大田市場自体への入荷量も増
えていて、荷捌きスペースの狭隘化が問題になっている。2024年問題では、
運送会社から一か所への荷下ろしをという声もあるが、物流事情悪化で他市
場卸売会社分も含めての荷が集中すると、敷地的に対応困難となる可能性も
ある。敷地狭隘化への対応としては、施設立体化が考えられるが、豊洲市場
水産物部の転配送センターのような大型の施設は、最初から設計して入れな
いと、後からの設置は非常に困難である。また、立体化は建設費用がかさむ
という問題もある。

②花き市場

　花きでは、他部類に見られないほど多品目多品種の商品があり、ロットも

小さく、青果のようなパレット単位のまとまった場内搬送もできず、物流問題としては別の考察も必要である。しかも販売競争で毎年のように新品種が出てきている。販売も複雑で、卸売市場というプラットフォームでの取引が有力な手段となっており、卸売市場経由率の低下傾向の中でも花きは2019（令和１）年で70.2％という高率の数値を保っている。

　セリ・入札比率は1978（昭和53）年度の99.6％、2003（平成15）年の58.0％から2020（令和２）年の16.6％まで落ちており、まったく様相を異にしている。青果の後を追いかけているという印象である。

　出荷の特徴は、産地が多くの卸売市場に少量ずつ出荷することで、そのために、東京圏では共同荷受という専門企業が存在している。さらに、大田市場卸売会社である㈱大田花きが、他卸売会社出荷分の荷も預かり、冷房下で保管して転配送する施設を設置している。転配送施設の場所も、土地が狭隘なので車両動線の上に人工地盤を作っての立体的利用という方式を取っている。卸売会社が転配送業務を行っている事例である。

5　他業種企業の例（Fライン）

　他業種の複数企業による物流事情逼迫化への対応事例としてFラインモーダルシフトの取組みを挙げる。（ハウス食品（株）資料より）

　輸送距離の短縮、環境負荷の少ない船舶や鉄道での輸送への切り替え（モーダルシフト）、輸送効率の向上などの取り組みを積極的に実施することで、物流におけるCO_2排出量削減に努めている。2019年には、効率的で安定的な物流体制の実現を目的に、味の素（株）、カゴメ（株）、日清オイリオグループ（株）、日清フーズ（株）の４社と物流事業を統合し、全国規模の物流会社であるF-LINE（株）を発足。CO_2排出量を低減し、持続可能な食品物流に取り組んでいく、としている。

6　物流拠点の設置

運送業界から、あるまとまった経済単位のエリアについては、1 か所に荷下ろしさせて欲しいという声が出ている。これに対応できるかどうか。大型拠点市場があり、そこへ他市場出荷分も荷下ろしできて分配ができれば、これで機能する。問題は、卸売市場に敷地的に余裕がない場合は、卸売市場とは別の場所への設置と言うことになるが、まずそのような場所を、誰がどう確保するかということが問題である。

さらに運営・企画する主体も問題になる。物流も、卸売市場への直接納入に比べて二重の手間になるが、地理的条件によっては、実現可能性はある。県をまたがった広域の拠点となると、それを企画・実行する行政主体もなかなか想定できない。企業による設置だと、巨額の設置費用を負担できるかどうか。

既存卸売市場内か近接空地でこの機能を果たし、それにより元受け企業と納品を受ける企業の双方にメリットがある方法を考え出すのが現実的ではないだろうか。

7　情報システムによる対応策

デジタルプラットフォーム方式による対応、スマートフードチェーンプラットホーム（ukabis）の活用、ネット取引による物流の分散、その他が考えられる。

8 　物流分散の考え方

ある卸売会社の方から次のようなご意見が寄せられたので紹介する。

　「畑から無選別でとりあえず運ぶことや、そもそも産地で出来るだけ加工して冷凍品として仕上げ、非可食部を無くして総量を圧縮したり、輸送が集中する季節を分散させることにも取り組むべきだと思います。産地や産地近くの地方都市で加工の産業が増えれば、人口流出も少し防げます。また、食料品が産地にある段階で取引されて、需要者に直接輸送する事にも取り組まなくてはなりません。今後の卸売市場は転配送機能も付加した物流センターを持つべきで、これまでの商物分離とは逆の商物分離（物は卸売市場を経由するが販売は別に行われている）も取り込まなくてはなりません。」

視野が広いご意見だと思う。

9 　物流事情改善にも資する考え方

①出荷者からの出荷情報について、「安全性」や「付加価値」について販売先を通じて消費者に伝え、商品のもっと細やかな差別化や正しい価値を感じてもらい、販促につなげる。
②入荷予定やトラックの到着予定データなどにより、効率のいい荷受・荷割などを行い、物流センター機能の効率を高める。
③複数の荷主・仕入先からの集荷物の相乗りで、トラックの積載効率を上げる
④荷卸しした後の「帰り便」をこの地域で需要がある事業者で共同して活用するシステムをつくる。

⑤卸売市場からの「帰り便」のニーズを検索・活用をするシステムの開発。

⑥今後は物流データを「幹」として、その「幹」に商流データが追加される
　ような構造にする発想の転換をすべきである。これは、中央卸売市場法の
　セリ・入札原則を前提として、卸売市場への入荷を前提とした取引とは逆
　の考え方である。「荷受からの脱却」という考えかたでもある。

10　物流事情窮迫化を踏まえての将来的課題の提起

　物流事情逼迫化への卸売市場の根本的な対応は、物流事情逼迫化の解決策
を一番に目標とした広域連携・連合市場構想において実現必要性が高まる。

　すぐに実施とはいかないかも知れないが、長期的視点として、早く取り組
んで欲しい項目を下記に列挙する。

（1）貨物新幹線の全国化による物流の改革

　「新幹線が札幌延伸となる2030年には、貨物新幹線の導入の判断をする」
とJR貨物の犬養社長が述べているという報道がある。

　貨物新幹線については、石井幸考著『人口減少と鉄道』（朝日新書）に詳
細な記述がある。同氏は、旧国鉄幹部から初代JR九州社長を歴任、鉄道復
権のために活動されている方である。JRから国鉄への回帰も主張されている。
以下に、同書の要点をピックアップする。

①新幹線貨物列車が旅客列車の1.5倍の所要時間として、鹿児島〜大阪間、
　札幌〜東京間とも６〜７時間と、現行に比べて３分の１程度になり、拠点
　間輸送を新幹線に置き換えることができれば、トラックドライバー不足対
　応として、計り知れないメリットがある。

②ハブ空港や港湾など拠点機能とのドッキングといった新しい価値拡大に取
　り組むべきである。

③将来的には、日本全国の鉄道はJRを中心に主要幹線の線路は標準軌－新
　幹線用（1,435mm）とし、新幹線幅への大動脈は本格新幹線、枝分かれ線

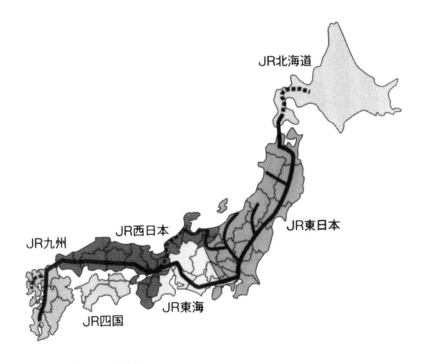

上掲書にある図

はミニ新幹線（在来線ルートを活用し、新幹線幅への改軌や標準軌と狭軌
－1,067mm－の併用）。鉄道経営上も地方振興策としても、貨物輸送抜き
では考えられない。国鉄時代も貨物輸送は大きな収入源であったが、高速
道路網の延伸に伴って衰退化していったという経緯がある。運転手不足で
トラック輸送が危機に立っている今日、鉄道貨物が復活しても自然の流れ
である。

④JR北海道の問題は道東・道北である。将来的には、札幌以遠の稚内、網走、
釧路方面の路線を狭軌から標準軌に改軌し、コンテナ新幹線の乗り入れを
視野に入れる(在来線としての走行。すでに山形新幹線で採用されている)。

トラックから鉄道輸送への劇的シフトが実現するかも知れない。細長い日本列島は、航空機・新幹線・自動車の組み合わせで時間距離が飛躍的に短縮したが、結果として人口の都市集中が加速した。これに対し「物流」での時間距離を短縮できれば、地方にある食料基地や工場の付加価値が高まり、人口を再び地方に分散させることができるはずだ。分散したJR各社ごとに考えるのではなく、鉄道事業を「全国・旅客・貨物」の総合視点で問い直し、完成する新幹線列島大動脈を物流の救世主として上手に使っていきたい。

⑤貨物新幹線に関する報道

2023（令和5）年9月20日付日本経済新聞に、「JR東が荷物新幹線（ママ）」と題する記事を掲載した。新幹線を使った生鮮品や電子部品などの小口荷物の大量輸送サービスを2024年度にも始める。旅客車両に荷物を乗せるほか、荷物専用列車を定期便として走らせることも目指す。即日輸送、正確な運航ダイヤ、速達性の強みがある。荷物専用列車だと、1車両あたり中型トラック4台分を運べるという。

（筆者コメント）たぶん、JR北海道管内にも走らせると思う。上掲の考え方の一部が実現することになる。それ以外の貨物は、JR貨物が運ぶことになり、青函トンネル内の狭軌線路問題の解決、北海道の札幌以遠の在来線の3線化などの課題は依然として重要である。

(2) モーダルシフトの再注目

トラックドライバー不足の問題は、現在のわが国の人口減などの状況の反映であり、将来的に状況改善は厳しいと考える。従って、その代替策を本格的に考えるべきである。鉄道、海運、空路、近距離ならドローンなど。

自動車の自動運転のレベルが実用に耐える程度になれば改善の可能性があるが、大型トラックなどでどこまで安全性と荷下ろしなどの作業性が確保できるか。タクシーではアメリカで実用化されたという報道はあるが。

モーダルシフトが本格化すれば、卸売市場の立地にも影響する可能性がある。というより、**これからの卸売市場再整備は、急がずに、モーダルシフトや広域連携・連合市場構想も考慮した卸売市場の立地と構造設計とするべきである**。そうでないと、将来的な大きな変化に対応できなくなる可能性もあるし、せっかくつくった再整備市場が無駄になる可能性もある。

(3) 物流センター主導型

近年、大型物流センターの設置がさかんである。設置企業自身が、卸売市場から企業・人材を集めて、産地からの出荷を物流センターが誘致するという方式も考えられないではない。十分な利益が見込めるという条件はつくが、売り手側を大口需要者に絞れば、可能性はあるということも考えられる。そうなれば卸売市場ではない。もっとも効率が良い部分だけを持っていくということになる。しかし、物流センターの使用料が高額であるなど、採算が取れるかという疑問もあり、実現性については不透明である。

(4) 産地で荷をまとめる方式

ある卸売会社は、その道府県内の生産・出荷者に呼び掛けて、すべて同社に出荷してもらい、同社で東京方面、大阪方面などと振り分けて、まとめて搬送するということを目指している。卸売会社にとっては、荷がまとまるので大型車で効率よく運べるし、生産・出荷者側にとっては、近いので運賃負担が少なく済む。産地道府県でないと成立しない方式ではあるが、卸売市場企業としてぜひ研究していただきたい。

(5) 産地での販売主導型

特に果実で産地での需要活発化が起きている。産地の観光化（果実もぎなど）、ふるさと納税、生産者発信のネット販売など。その分、産地・生産者は遠距離卸売市場への出荷を減らせ、経費節約にもなる。卸売価格より高く売れて輸送費も加算できるので、生産者にとっての旨味は大きい。果実の卸

売市場経由率がかっては 8 割くらいあったのが、直近では35％まで減ってい
る大きな要因として注目される。物流的には、消費地卸売市場へ出荷してい
たトラックの節約という効果につながる。

第5章

第三段階における卸売市場再整備のあり方

　この数年、中堅規模の卸売市場における再整備作業が進行している。すでに完成した卸売市場もあるが、現在、作業が進行中の卸売市場もある。特徴として目立つのは、取扱高がピーク時から半分、あるいはそれ以上の減少となっていることを背景として、現在地再整備の場合、例えば取扱高が半減したとして、敷地を半分に仕切って、半分に卸売市場機能を設置し、もう半分は「余剰地」として、そこに収益施設を作り、その利益を卸売市場維持に使おうという発想である。これ自体には合理性はあるが、再整備にあたって留意しなければならないことは、将来、その卸売市場がどうなるかという視点である。それも織り込んで再整備をするかどうかで、長期にわたってその卸売市場が有効に機能するかどうかが分かれる。

1　第三段階論を考慮した再整備のあり方

(1)　広域連携市場構想を踏まえた卸売市場整備

　域内の各卸売市場は、お互いに協力し合う関係であるから、役割分担という考え方も出てくる。物流拠点市場から荷を分けてもらうということだけではなく、産地に近い卸売市場ではその荷を一手引き受けして、地元需要以外は、域内他市場に供給するという、その分野では拠点となる関係をお互いにつくることで、産地の販売範囲も広がり、生産者に取ってもメリットが生まれるという理想的な関係が作れる。これを踏まえた再整備プランということになる。

(2)　将来的に必要な機能への備え

　現在は、敷地一杯に施設があり、新しい機能設置の余地がない卸売市場で

は、第三段階という新しい事態に対応した機能が持てず、競争力低下となる可能性がある卸売市場も少なくない。再整備に当たっては、最初から敷地を目一杯使うのではなく、空地を残しておく配慮が必要である。そのために施設を立体構造にして空けておくくらいの計画が望ましい。そこに何かをつくるとしても、必要な時には撤去できるようにしておく必要もある。

(3) 第二段階での設置で課題になっていることの再検討

①仲卸売場の構造の見直し

　現在の公設卸売市場の仲卸売場の構造は、仲卸の並べ方が、長屋方式か、田の字方式が多い。ここの仲卸売場の面積は狭く、仲卸は買い荷を卸売場に置いたままということも多い。スーパー等への納入には荷捌きスペースが必要だが、それが設計されていることはほとんどない。袋詰めなどは、空きスペースで行い、環境はよくないし、衛生上の問題もある。低定温機能が最初から設置されていない。店頭に並べている商品は、買出し人がそこで買うのではなく、見本程度の量で、それも最近は仲卸売場に立ち寄る小売商もあまりいない。個人商人が減り、大口納入が増えたせいである。これは、中央卸売市場法制定（1923（大正12）年）時には、スーパーなどの大口需要者がいなかったからである。その名残りを今に続けるのはよくない。中央卸売市場法時代の延長のような思考は改めたい。

　仲卸売場に事務所や応接機能などがある仲卸売場が多いが、豊洲市場青果部には、１階の仲卸売場は平床方式（施設を置かない）とし、事務所は２階に上げる構造となっていて、広い作業スペースを確保している。もっと広く、数百㎡もある例も出ていて、大口需要者対応に威力を発揮している。仲卸売場の構造は、前例踏襲ではなく、根本から見直す必要がある。

②顧客への配送のための仕分け施設

　仲卸がチェーン店への納入を受注している場合は、各店別に分けてトラックに積む施設が必要になる。これを設置している公設卸売市場はほとんどな

いが、民設卸売市場には最初からの設置例がある。これが市場外にあると、その運搬等で余計な時間と費用をし、鮮度低下にもつながって競争力が低下する。

③十分な面積の鮮度・衛生保持ができる加工施設

仲卸等が納入先に軽加工を加えて納入することもよくある。仲卸売場になにも施設がなく、仮囲いや空調がない場所で作業しているのをよく見かける。特に水産では衛生上も好ましくない。閉鎖空間で空調が効いた、十分な規模の加工施設も必置施設である。後からでは場所も面積も思うようにいかない。

④仲卸が市場外に出てよくなった事例

今のわが国の卸売市場では、仲卸売場が狭すぎると思う。これは、個人経営の八百屋、魚屋が仕入れに来る時代に対応した仲卸の構造で、再整備となっても、開設者・市場企業の考えが変わらず、同じような構造となっているようである。ある公設地方卸売市場で、１社しかなかった卸売会社が経営不振で廃業し、仲卸も卸売業者になることを拒んだので後継も確保できず部類廃止となった。旧仲卸は市場外に出て、自分で店舗を設置した例もあったが、数社が集まって共同で2,000㎡程度の倉庫様の店舗を作り、１社数百㎡とかっての仲卸売場よりもはるかに広い売り場に商品を並べ、かっての売買参加者も仕入れに来て、前よりも便利になったという評価となっている。共同で荷受け会社も立ち上げたというから、将来、民設卸売市場として名乗りを挙げるかも知れない。建物は市が支援した。筆者は、今の卸売市場の仲卸売場のあり方が時代に遅れている証として、この事例を評価している。

(4) 改正卸売市場法で可能になったことへの対応

①卸・仲卸同列化による変化

卸売会社は卸売市場の必置機関であるが、仲卸は必置ではない。卸・仲卸同列化で、仲卸が台頭する可能性もあるが、逆もある。仲卸が卸売会社の傘

下に入る事例も出ている。

　時代の変化に対応して、卸売会社と仲卸の機能のあり方を適正化していくことが必要で、改正卸売市場法による自由度の拡人（振興法）がこれを可能にした。

②取扱品目の大幅拡大

　品目によっては、専用の施設が必要になる可能性がある。市場企業が用意するとしてもそのための面積が必要で、このようなことを織り込んだ設計が必要である。

2　PFI方式の変更（BOO方式の容認）について

　1999（平成11）年に、通称PFI法（**Private Finance Initiative**）、正式には、「平成十一年法律第百十七号　民間資金等の活用による公共施設等の整備等の促進に関する法律」が成立した。公共施設が必要な場合に、公共団体が直接、施設整備の事業を行わず、民間資金・民間企業に施設整備と公共サービスの提供をゆだねる手法である。PFIは1992年にイギリスで生まれた行財政改革の手法であり、広義の業務改善の一手段でもある。この手法を利用する目的は、官民が対等な立場で締結する事業契約によって契約内容に柔軟性を持たせ、民間の能力を最大限に引き出すことでVFM（Value For Money）を生み出すことにあると言われている。

　制定当時のPFI法では、BTO方式が中心であった。BTO方式は、Build（事業者が建設）－Transfer（所有権を事業者から開設者に移す）－Operate（事業者が管理・運営）。つまり、施設整備が完成したら、施設の所有権は事業者から開設者に移転する。そうすると、結果として開設者による直接事業と同じ結果となる。

　しかし、このBTO方式による再整備は、神戸市中央卸売市場の1市場にとどまった。

　平成30年のPFI法改正により、BOO方式というのが認められるようになった。BOO方式は、Build（事業者が建設）－Own（所有権を事業者が保有したまま、開設自治体に所有権を移転しない、つまり開設自治体は非保有）－Operate（事業者が管理・運営）で、施設整備が完成しても、**施設の所有権は事業者が所有したままで、開設自治体は事業者から借りる**ことになる。そうすると、開設自治体に再整備費用の起債償還が発生せず、起債を借りないときには独自財源で負担がかかるということが、施設を借りることで、開設自治体の財政負担が低額かつ支払いが平準化されて毎年の支出軽減になる、というメリットがある（内閣府の説明資料より）。内閣府は、自治体財政悪化の助けになるという説明をしていて、このBOO方式に力を入れているように思える。

　これまで公設卸売市場では、開設自治体が施設を設置し、市場企業に貸し付けていることが市場企業に対する指導力の背景にもなっていると思っていたが、ある開設自治体職員に意見を聞くと、「自治体負担が減るなら、気にしない。」いう答えで、さほど違和感はないらしい。

　企業所有なので固定資産税がかからないのか疑問に思ったが、当の自治体が関わっているのであるから何とかなっているのかも知れない。

3　余剰地という考え方の登場

　大型卸売市場では、平成３年のバブル崩壊前後からの「失われた30年」による、長期的取扱減少傾向が見られないか、減少が少ない卸売市場はあり、必要な施設・機能がふえていることもあって、再整備に際しても敷地が余るということはあまりないが、多くの中堅以下の卸売市場では、ピーク時から５割減は通常で、ひどい市場では８～９割減という深刻な状況となっている。

　そこで、再整備にあたって、卸売市場敷地面積の相当面積（例えば半分）に卸売市場施設を作り、残りは「余剰地」として、そこに収益施設を設置し、その収益を卸売市場の持続性確保の財源としよう、という発想が目立ってい

るのが近年の特徴である。

　半分を余剰地としたある例では、BOO方式での再整備を受注した事業者が余剰地は物流センターとして活用するという方式とした。これもひとつの考え方である。また、道の駅など市民・消費者向けの施設にしようという考え、余剰地を売却して再整備資金に充てようという考えなどもある。

　BOO方式で、余剰地の収益施設の収益が事業者の収入となる場合は、事業者ではない入場市場企業には入ってこないこともあり、その場合には、入場企業の持続性確保には役に立たないということになる。卸売市場入場企業が再整備の事業者になったら、余剰地収益も市場企業の懐に入り、市場企業の経営持続性確保に貢献できるわけであるが、再整備事業には数十億円から百億円以上の資金が必要で、技術的ノウハウも必要であり、市場企業がBOO方式の事業者になることは相当ハードルが高いのではないだろうか（不可能ではないかも知れないが）。

　「余剰地」に市民対応施設（ふれあい施設、賑わい施設などの名称がある）をつくるなどで、公設卸売市場に対する市民納税者の理解と協力を得る計画を考えている開設自治体もある。

　余剰地収益施設というが、収益が保証されているわけではなく、正確に言えば、余剰地収益期待施設ということである。もし、収益どころか赤字になったら、非保有方式の場合は、事業者が卸売市場運営からの撤退という事態も想定しておく必要がある。特に、人口が少ない、人口減が大きい、などの自治体は、収益自体が望みがたく、将来における卸売市場の持続性にも不安が残る。

4　再整備に当たっての留意事項

(1) 現在地再整備か移転再整備か

　再整備の立地には、移転再整備と現在地再整備がある。移転再整備については、大都市には広い適地が少ないという問題がある。数十年前で、それほ

ど人口密集化が進んでいない時代に、広い公有地に建設された公設卸売市場が多い。そのときよりも人口も増加し、より広い土地を探しても、中堅都市なら農村部に行けば土地は得られる可能性があるが、大都市では、広い土地の確保が困難で、現在地再整備を選択することも多い。

　一番問題なのは、最初に立てた時には、その時の地型を最大限生かして目一杯の施設配置の設計をしているのがほとんどで、定期的な再整備、再々整備を想定した備えをしている例はまずないであろう。

　現在地再整備の場合は、営業をしながらの再整備となるので、現在の施設の場所と動線は営業活動のために確保しておかなければならず、空き地に施設と動線をつくるか、部分的に壊して順に移転していくローリング工法となるので、その種地に苦労する。関係者は、工法についての理解も必要である。

　一般に現在地再整備は、敷地がぎりぎりで、再整備の施設配置が不自然に偏るために、結果はあまりよくない。また、単なる立て直しになり、新しい設計思想、施設機能などの付加が不十分で、新しい時代への対応という点で不足がある場合が多い。広い更地が確保できる場合は、移転再整備を選択して、新しい発想で、いろいろな機能を付加して集客力ある卸売市場を作る方が、将来的にはよい場合が多い。

　ただし、総合的に見て現在地再整備の方が、将来、望ましいということもある。一般に市の中心部に近い場合が多く、遠い郊外に移ることで、住民との距離が遠くなるデメリットもある。

(2) 次の整備も考慮した設計を

　現在地再整備でも移転再整備でも、次の整備を想定したプランをつくる必要がある。その意味では、ギリギリの敷地ではその余裕がない。現在の整備の完成後の施設配置と、それを前提とした、営業しながらのローリング工事の段取りの図面をつくっておく必要がある。

(3) 拠点市場には転配送センターの設置を

2024年問題など、物流事情悪化が深刻化している。地域の拠点市場と目される卸売市場では、最初から転配送センターを設計に入れる必要がある。これで、拠点市場以外の卸売市場における集荷は安定することになる。建ててしまってから、後からの設置は容易ではない。

(4) 狭隘な敷地での再整備

広い土地がなく、狭隘な現在地での再整備では、水産、青果、花きで階を分ける方式がある。同一部類で階を分けるのは、買出し側も行き来が不便になり、使わなくなるので最初から避けた方がよい。

しかし、部類が違う場合は例がある（一般的に水を使う水産が1階）。ただし、現在地再整備の場合は、現在、平地（ひら）に低い建物しかないことが条件で、高い建物があるときはその移設が必要になり、工期が長くなり、建設費も高額になる。

(5) 複合施設という考え方の可能性

筆者が複合方式のモデルとして考えたのは、東京都の豊島区役所設置で採用された方式で、空襲を受けず、古い建物であった区役所の建替えに際して、別の場所に高さ189ｍ、地上49階、地下3階建て構造のビルを建設し、上層階をマンションにして、10階以下を区役所と議会施設としたものである。マンションの売上で建設費を賄（まかな）った。同区役所のホームページでは、「全国初の民間高層マンションとの一体型再開発事業となる新庁舎」としている。ただし、マンション入居を募集して、応募者が多くあることが前提なので、東京の池袋駅に近い一等地となればできるだろうが、地方ではどうだろうか。入居者が少なければ当てがはずれて大変なことになる。収益施設と言うのも、黒字になればいいが。当初は賑わっても、それが何十年と長続きする保証はない。近所に別の施設ができて、飽きられて閑古鳥が鳴くと言う可能性も大

いにある。

　また、ほとんど音が外部に漏れない区役所ならともかく、卸売市場は、特に夜間・早朝のトラック等の騒音が出る。上階の施設が住居など宿泊を伴えば、夜間・早朝の騒音は問題になるだろう。公共施設として、高齢者対応施設とか、その他福祉関係の施設の併設と言うのも考えられる。

　東京多摩地区の民設水産地方卸売市場であるが、敷地を平面的に２分して、卸売市場部分と大型小売企業（家電量販店）とし、家電量販店の建物は、ピロティ方式（１階を空地・駐車場、２階を店舗）として、１階の駐車場は、店舗の顧客と卸売市場利用者の共用という構造である。そこからの賃借料収入を卸売市場運営資金に繰り入れて、経営の持続性確保を図っている例である。これも、量販店が撤退しない限り、収入が安定していい考え方である。

　これらは、公設でも民設でもできる。これから有力な方式ではないだろうか。

(6)　大型拠点市場に近接する卸売市場の場合

　特に公設卸売市場の場合、開設自治体に、その自治体の範囲を超えた他市場の状況等を考慮しないで、自分のところだけを見て計画を進めるのは、実態から外れたプランになってしまう。大型拠点市場に近接する卸売市場で、その影響を強く受けている場合は、あらゆる状況を想定して、どうするか決める必要がある。

(7)　将来の人口減による縮小をどう織り込むか

　再整備を企画するに当たって、将来の人口減をどう織り込むか、具体的には現時点での必要規模での設計ではなく、何年か後の人口を想定した設計ができるかということである。ほとんどの場合、竣工時点の状況をスタートラインにすると思う。その後に、相当程度、人口減による使用施設の縮小が起きた場合は、その部分について他の用途への転用が容易にできる設計とすることが望まれる。例えば、RC構造とすると融通が利かないので、鉄骨構造

にする、広い空きスペースにできるようにする、など。

5　再整備にあたっての広域連合市場構想の視点

　広域連携市場構想の段階では、個々の卸売市場はそのままなので、特段の留意点はないが、広域連合市場構想になると、ステージ2－1の県段階での卸売市場再編の計画を決めてからにしていただきたい。物流拠点になる卸売市場と、ブランチとなる卸売市場とで設計思想が違ってくる。

　ステージ2－2の都府県境を超えての広域ブロック単位での卸売市場再編では、サテライト方式の導入となるので、そのプランに従った設計となる。これには取り掛かりに時間がかかるので、とりあえずは個別の方式で再整備をして、後で修正ということになるかも知れない。そのことを念頭に置いた構想を練るのがベストである。

　建ててしまった後で広域連合市場（サテライト方式）の必要性が出てきたら、どうするか。思い切って、せっかくの卸売市場を放棄しての再編成を覚悟するか、別の次善の方法を考えるか。そうなると、新秩序の構築という方向も出てくる（※）。

（※）第2章4　広域連携・連合市場構想実現の可能性(3)広域連合市場構想が実現しなかった場合→新秩序へと進む、を参照のこと。

第6章

第三段階での諸課題

　これまで載せられなかった項目と、触れてはいるがまとめて強調したい項目について列挙した。

1　卸売市場としてのわが国農漁業振興への貢献

　卸売市場は、生産・出荷者なくして機能は果たせない。わが国の農漁業を卸売市場の立場から、どう支えるかということは重要なテーマである。

　総流通量の減少、それに輪をかけての卸売市場経由率の低下で、受託拒否禁止と差別的取扱禁止という社会的使命を持つ卸売市場の立場が困難を増していることは、憂慮すべき事態である。これを克服するとともに、単なる「荷受け」にとどまらず、より積極的に生産者を支援する姿勢を追求していくことが大切と考える。売れ筋情報を生産・出荷側に伝え、卸売市場側として作って欲しい商品情報を伝えて契約栽培として価格を保証して作ってもらう（ブランド品の開発と生産者との結びつき強化）、生産者にとって新しい施設設置や災害被害に遭った施設再建の補助など生産者への直接補助、規格選別基準の見直し（過度な見た目重視による基準の見直しなど）、出荷方法の簡略化など出荷慣行の再考、健康維持に役立つ食材のアピール、その他、いろいろと出てくると思う。

　水産物については、ある水産卸売会社の幹部は「我々も考えているが、なかなか具体的に出てこない。海に漁船を出す漁労が減って養殖の比率が高まっており、農業と同じ条件になりつつある。このあたりでなにかできないか。」と筆者に話している。豊富な食材を持っているので、これから工夫の余地は大いにあると思う。第三段階に入ったわが国の卸売市場として、新しい視線で生産者支援に積極的に取り組む姿勢が重要である。

2　市場企業としての分野拡大・荷受からの脱却

　卸売市場というシステムは、元々、生産者の生産品の販路確保と、消費者の生活支援を結びつける目的で発展していったものである。以前は現物流通オンリーだったので、卸売市場はそれにぴったりの舞台であった。その原点に立ち返るなら、社会的発展の中で、卸売市場だけでは流通システムとして足りなくなってきたことが、卸売市場経由率低下に表れていると言える。市場企業としては、卸売市場という舞台が主戦場としても、生鮮食料品等の専門家を擁する市場企業として、さらに広い部門も扱う総合的企業になるという、市場外流通まで包含した視野がこれからのあり方と考える。細長い日本列島で、1年を季節ごとに産地が移動していくことへの対応ノウハウと、川下側・消費者サイドへの接点を持つノウハウの総合的視野をもっと広い舞台で活かせるのではないか。すると、市場経由率という数字の見方も変わって来ることになる。市場経由率の低下すなわち市場企業の敗北ではない。

　「荷受けからの脱却」は、正確には「荷受け*だけ*からの脱却」である。

3　商物分離

　物流事情逼迫化への対応として、卸売市場に出荷品を運ぶ比率を下げるという手段がある。旧卸売市場法でも例外として認めたが、一定のシェアがある産地出荷品で、特定の買手までトラック1台を満杯にする量がある場合は、卸売市場を経由しなくても、直接買手に運ぶ方が合理的である（商物分離）。旧卸売市場法では制限されていたが、改正卸売市場法で制限条項は削除されている。

　物流事情逼迫化対策として、できるだけ商物分離したいということであれば、以下のようなやり方が考えられる。
①出荷者の荷を産地の拠点（産地の卸売市場を含む）に集中させ、そこで各

消費地卸売市場へ共同配送して、買手側が分荷する。出荷者にとっては物流費削減、拠点からの配送は大型化による効果が出る。

②産地側（現地卸売市場を含む）の主催で、産地に荷がある状態で買手側と購入契約をし、買手側住所に送る。物流分散になる。

③消費地側の卸売会社が主宰するプラットフォームで、産地に荷がある状態で取引し、納品荷の送り方は買手が決まってから調整する。

等々、物流事情逼迫化への対応としてこれからさらに深めるべき課題である。

4　市場企業の進退

これまで少なからぬ卸売会社が経営悪化で退場していった。ほとんどのケースで、経営者が内部留保がなくなるか、資金繰りがつかなくなるなど、目の前に行き詰まりが見えてやっと諦めるというパターンが多かったように思う。突然倒産の原因で、これは悲劇である。

昭和末期から平成の初めごろにわが国の卸売市場はピークを迎え、わが世の春のような繁栄の光景が展開されていた。仲卸従業員の年収が１千万円を超えた時期もあった。バブル崩壊でそれも終わりになり、下り坂の30年はまだ終わっていない。経営陣が、今は悪いがそのうちよくなると楽観視して、危険信号を軽視した可能性も否めない。わが国の将来的な人口減が加速するなど、より深刻な事態を想定するべき段階にある。

2022（令和４）年秋に、ある卸売会社がまだ内部留保があるのに廃業の決断をした。社員には十分な退職金を支払い、再就職先についても努力したと聞いている。筆者の経験では、赤字にならないで廃業できるとして実行した卸売会社が、清算すると２億円の赤字となったという例もある。資産の部に入っていた売掛債権が、蓋を開けると不良債権化していたという例は多い。筆者の経験では、精査したら７割が回収不能という例もあった。

旧卸売市場法で、中央卸売市場の卸売会社には、純資産基準額の確保が課せられていた。しかし、この額は安すぎたと思う。まだある程度の内部留保

がある段階で、社員には十分な退職金を支給し、開設者への施設使用料も支払って、きれいに退場するべきである。理想的には、十分な内部留保がある内に、卸売市場の専門知識を活かす業種に転換して、社員の雇用も続けられれば一番いい。卸売市場にこだわることはない。

　優良企業も、経営多角化で持続性確保をする考え方が重要である。中央卸売市場法や旧卸売市場法では、兼業業務が制限されていたが、これも撤廃されている。本社を外部に置くのも自由である。市場外流通への切込みにもなる。かって筆者は、「本社を丸の内に置きたい」というある社の社長の言を聞いている。その心意気やよし。

5　新陳代謝の考察からの展開

　いま政府（規制改革推進会議）で「新規入場ルール」で、「非合理な慣習撤廃」という内容設定の議論が進んでいる。公設卸売市場で開設者が仲卸店舗に空きが生じての入場募集に際し、応募者の名簿を事前に仲卸組合等に見せるという行為の禁止という内容のようである。事前に名簿を見せるということは仲卸組合等の意向を聞くということで、公平を欠く行為である。筆者が知る例では、開設者が名簿を見せたわけではなかったが、入場仲卸が聞きつけて、応募者が有力小売りで大変なライバルになると警戒して、開設者に採用しないように働きかけたという例があり、拒否されると、仲間内で対抗馬（仲間内でライバルにならない人を選んだ）を立てたという例がある。開設者という行政と業界がナアナアになるのはもちろんよくない。競争による活性化という視点からもマイナスになる。市場内はそれで平和かも知れないが、外部との競争では弱くなる。規制改革推進会議の提言は、基本的には、新陳代謝ということだと思料する。

　新陳代謝ということでは、現行では、一度入場すると入場資格に期限はなく、欠員がでなければ新規入場はできない。これでは新陳代謝は図れない、と筆者はかねてから主張していた。これへの対応策は、資格要件を明確にし

ての入場許可の期限制の導入により、資格更新制にすれば、新陳代謝が図れ、卸売市場の活性化につながるという考え方である。しかし多くの卸売市場では、欠員が出ても代わりに入る業者がいないという問題がある。空き店舗が目立つ卸売市場もあり、そこまで落ち込んでいる卸売市場では、新陳代謝というカンフル剤は効かない。

　卸売会社＝開設者である民設卸売市場では、結果的に開設者でもある卸売会社と仲卸との契約となっていて、事実上、民民の契約となっている。契約書を交わすので、一定の縛りがある場合もある。

　韓国のある公設卸売市場では、開設者が仲卸の資格を認める要件は、卸売会社と仲卸の契約締結としている例を筆者は現地で聞いている（その卸売市場の卸売会社は２社で仲卸は相手を選べることが牽制になる）。これは、社会一般では民民の取引契約締結は、お互いに与信審査をしてから判断するとするのを考慮したものとして一考に値するかも知れないが、長い間のしくみを変えるので激変緩和の配慮が必要で、今後の検討課題であろう。

6　代金決済システム

　近年急成長しているDX化による組織・しくみの進歩は、卸売市場においても例外ではない。花き市場では、電子セリシステムを採用している市場も多いが、セリ情報は卸売会社の経理につながっており、それが、口座がある金融機関とオンラインでつなげれば、技術的には、即時、買出し者の口座からの引き落としも可能である。食肉市場でもコンピューター利用のセリシステムで、同じことが言える。

　電子セリをしていなくても、卸売会社と仲卸、売買参加者をオンラインで結べば、電子的に請求と支払いが可能になる。代金決済を口座から電子的に行うことも技術的にはできる。

　青果市場では代払い制度があるので、買い手側からの代金回収は卸売会社が直接せず、回収不能のリスクが少ないとして、現状でいいという卸売会社

も多いが、その分、完納奨励金の支出がある。完納奨励金額も、通常は取扱額の1％と安くない。経営悪化した卸売会社が、完納奨励金を減らすか、廃止している例もあるが、信用に影響が出るだろう。代払いは長い間の慣習ではあるが、DX化を進めることによる合理化の検討も、将来的には避けて通れないのではないだろうか。

7　部類生き残り——他部類からの支援と仲卸市場

改正卸売市場法第4条第2項の七で、卸売市場開設の認定申請書類に、「卸売業者に関する事項」とあり、これを記入することは必須事項となっている。つまり、卸売会社がいなければ、その取扱品目の部類については卸売市場の開設はできないということである。開場後、卸売会社がいなくなった場合は、中央卸売市場、地方卸売市場は続けられなくなる。この場合の、部類存続策としては、ひとつは、総合市場では他部類卸売会社が、卸売会社が消滅した部類の従業者を引き取って営業を続けることである。黒字経営の見通しがあればいいが、赤字続きだと本業の足をひっぱることになり、協力は難しいだろう。

もう一つは、仲卸がいる卸売市場では、卸・仲卸同列化となったので、仲卸が卸売業者となることもできる。廃業する卸売会社の従業員を引き取り、卸売業務を行うことになれば、従来と変わらない卸売市場が存続できる。卸売会社は自身で販売もできるので、卸と仲卸を兼務することもできる。それ以外は、従前からの仲卸として存続する。

前記の方式では、外観上は何も変わらない卸売市場として継続することになるが、仲卸全員が卸売業者となることもできる。自分で集荷して自分で販売する卸売業者の集合体となると、仲卸江戸時代の問屋制卸売市場という形式と同じとなる。今よりも規模を大きくした「問屋」がずらっと並んでいる卸売市場となると、今の卸売市場とは様相を異にし、築地場外市場の様子を想起させる。

　これは、「仲卸市場」という新しい方式として、卸売市場の賑わいを創出する新しい可能性を創り出すことになるかも知れない。

　なお、元仲卸だった人たちで構成されるので「仲卸市場」としたが、実際には仲卸のままではできない。

8　関連事業者

　筆者はかねてから、「関連」という言葉にひっかかっていた。傍流、お添え物という印象があったからである。しかし以前では「付属商」と呼ばれていたのを改称したと言うこともあり、いい名称をなかなか思いつかなかったので、「関連事業者」という呼称は筆者も引き続き使用する。ある関連事業者団体会長とも話したことがあるが、それでもいい案は出てこなかったし、そもそもあまり気にしている様子もなかった。

　以前は、関連事業者は、卸売市場業務の補完事業（金融機関、ターレットの補修、店や食堂で使う器具販売その他）と、卸売市場サービス提供事業（卸売市場従業員の食堂、必要な品の販売など）に分かれていて、卸売市場の取扱品目の扱いは禁止されていた。

　それがどうなっているかについてはあいまいであるが、余剰地での収益施設の設置、市場開放による消費者・観光客対応などの動きもあり、卸売市場に人が来る限り、商いのチャンスはある。外部から住民などがたくさん来るようになれば、新しい業態も登場し、卸売市場活性化に、関連事業者がより積極的な役割を果たす存在となれる可能性は高い。その時には、自ずと、よりぴったりした名称が出て来るであろう。

9　休開市日

　江戸時代の問屋制卸売市場の時代は、従業員の休みは、盆暮れだけであった。近代化の流れで週休2日制が定着する中で、卸売市場では、深夜早朝勤

務、休みが少ない、賃金が安いなどの悪条件の改善に取組み、現在では、青果、水産では水曜日と日曜日の週休2日制が定着している。

　しかし、卸売市場への就職希望は少なく、新入社員の確保に苦労している市場企業は多い。週休2日以上に増やすことも限界がある。人手不足も深刻になってきている。週2日の休みも、水曜日と日曜日の1日ずつだと、休みはすぐに終わってしまう。家族サービスで泊りがけの旅行にも行けない。この緩和策としては、卸売市場の休市日と、社員の休みの日を分けて考えるしかない。現に実行している市場企業もある。このためには、産地の情報データを数人で共有して交代制勤務とするしかない。年一度はまとまった休みを保証する必要もある。

　さらに考察を進めると、卸売市場全体で休みを取り決めして思考の幅を狭めるのではなく、卸売会社の判断とすると、競争力が働く。産地との関係もあるが、休市日を増やすことで入社応募者を増やそうとする社や、逆に日曜日も開市して、スーパーの掻き入れ時である日曜日に、「今朝いちばに入荷した新鮮な魚です」、というチラシでスーパーをターゲットにしようという卸売会社も出るかも知れない。このような、創意性を保証することが、卸売市場活性化につながるという考え方もできる。関係者で大いに議論したらいい。

10　競争力強化と社内体制

　「荷受からの脱却」と表裏一体なのは、競争力強化である。出荷者からの荷を扱うのは卸売市場の基本ではあるが、卸売市場経由率が下り、卸売市場として、より積極的な商法を取らないとじり貧状態に陥る危険性が増している。DX化などの新しい手法も含めて、市場企業としての戦略を練り、具体的作戦を考える部署と、卸売市場に関して広い情報を集め、戦略・作戦を考える有力な発想の土台を用意する部署が必要である。「荷受け」を中心としている市場企業は、このような企画部門の人材がおらず、その余裕もないと

いう状況となっている。これでは中央卸売市場法・旧卸売市場法体制から抜け出せないということで、次第に取扱高の減少、経営悪化に追い込まれていくことになる。

　なお、企画部門が取り組むテーマは、できるだけ外注するのではなく、社内スタッフに担当させるのが重要である。この経験の蓄積が企業の大きな財産となる。

11　市場企業の利益率向上

　第3章4「今日の卸売市場苦境の根幹－川上側－卸売市場－川下側の力関係の変化」で述べた、卸売市場の立ち位置の沈没で、市場企業は川上側、川下側の双方から攻められて利益率が非常に低い状況に置かれている。取扱金額の1％の営業利益がある卸売会社は非常に少ない。0.5％でも、例えば500億円の取扱金額があれば2億5,000万円、100億円なら5,000万円となり、このあたりが下限だろう。現実は多くの卸売会社はもっと低い。

　近年、経営安定のために、市場手数料率を上げようという動きが出ている。いまでは卸売会社の判断で値上げはできる。問題は、生産・出荷者からの反発である。農漁業者も経営は楽ではない。値上げ分は取引参加者から取ろうという意見もある。この具体化はどうするか。韓国では入場車両から駐車料金の徴収をしている。この資金は施設整備に使われていると聞く。その分、入場企業の施設使用料は安くできるが、卸売会社にとって他の経費負担もあるようでトータルとしての負担がどうなるかは把握していない。わが国では、基本的に入場無料というこれまでの長い慣習を変えるのは容易ではないだろう。生産者・出荷者に負担増をさせないで、卸売会社の利益増というのは大変だが、ゼロベースからの発想で展望を見出す検討が大切である。

12　地域密着の重要性

　卸売会社のホームページを見ていると、非常に元気で、地域参加の企画を
つぎつぎ実施し、見るからに生き生きとした印象が伝わる卸売会社がある。
どちらかというと民設卸売市場に多い。公設卸売市場では開設自治体がいて、
中央卸売市場であれば、昔の中央卸売市場法で、卸売市場施設以外の余計な
施設は禁止されたり、手足が縛られている印象が強かった。公金を使うとい
うことで、このような規制になることもわかるが、民設卸売市場では開設者
＝卸売会社であるので、あまり補助はなかった代わりに、自由度は高かった。

　今では、地域密着で、地元消費者も自由に卸売市場に出入りするし、卸売
市場内に本来ならライバルになる生産者の直売所を設けている卸売市場まで
ある（客寄せと卸売市場からの買入れ期待、場所代が入るなど、メリットは
ある）。

　来場者が多いことによる賑わいの創出は、副次的効果を生む。市場内の食
堂にも活気が出るし、メニューも工夫するようになって話題になり、週刊誌
などに取り上げられてさらに人気が出るというプラス効果もある。人口減で
市町村も寂れていく時代に、活気の創出は、地元住民の明るさにもつながる。
卸売市場内でこのようなことを否定的に捉える風潮は、一掃していただきた
い。

　このご時世に、「一般消費者は入場できません」と大書した立て看板を正
門に掲げている公設卸売市場がまだあるのを筆者が現認している。地元住民
を排除する姿勢は理解できない。中央卸売市場法・旧卸売市場法の発想が抜
けていない。

　卸売市場の本来の姿として、地域に根差すという性格でこそ、卸売市場の
公共的性格との接点が生まれると考える。その上での広域化ということでは
ないだろうか。これは、長年培ってきた、地域の食文化を後世につなげて
いくという命題ともつながる。

13　買い物難民の増加・移動販売車と卸売市場

　2023（令和5）年9月22日の日本経済新聞に、「買い物難民、今や都心に－スーパー閉店続出、肉も野菜も買えない、移動販売23区で増加」という記事が出た。過疎地域では今では移動販売車だけが頼りというのは普通であるが、ここまで拡大しているというのは驚きである。考えて見れば、歩行困難な方が増え、それでも現物を見て買いたいという声は強い。前の週にリストに〇をして事前申し込みで宅配で届くしくみでは足りないのである。

　筆者が大学時代に無店舗集落での食料調達の調査をしたことがあったが、曜日と時刻が決まっている移動販売車を待っていたお年寄りの方々が、買い物ついでに、欲しい食品の他、日用品、釘などの工作用品まで注文をし、次回に持ってきてもらう行動が多かった。

　移動販売車は、生鮮食料品や花は卸売市場で仕入れをしているが、卸売市場では日用品や大工用品などは扱っていない。調査した例では、卸売市場の近くに移動販売車の要望になんでも応える店ができていた。関連事業者がいる卸売市場では、市場内で対応可能だと思われる。

　買い物難民の定義は、500m以内に店がないということと車を使用できないということで、該当する地域は多いと思うし、移動販売車は高齢化が進む中では、ますます需要が多くなるだろう。このテーマを卸売市場も真剣に考えれば、さらに大きな役割を果たせると思う。ただ、移動販売車は個人事業主なので、調査中にも1業者が、病気で倒れて来なくなった。

　これが現在のスーパー店舗のあり方にどのような影響を与えるかは、卸売市場としても関心事である。郊外型大型スーパーは、車での来店を前提としているので、車の運転をしなくなった高齢者は来づらくなる。しかし車を運転する層はすぐにはなくならないので、かなりの期間、継続できるだろうが。食料品中心の中小規模型店舗にしてきめ細かな店舗展開をする方針を考えているスーパーチェーンもあるが、その分、来客する客数は少なくなる

ので、それが撤退の原因となっているのが現実である。コンビニ店舗での食料品販売の拡大という方法もあるが中途半端かも知れない。対2023（令和5）年9月24日付日本経済新聞に「移動販売、都市部でも　ウエルシア専用車200台に拡大」という記事が出た。「山間部だけでなく都市部の住宅街にも拡大する。食品や化粧品、一般用医薬品など約600種類を実店舗の従業員が運転して回る。大型のモニターを設置し、店舗の薬剤師や管理栄養士と移動先の消費者をオンラインでつなぎ、健康相談、服薬指導も検討する」、としている。同社はドラッグストアの最大手なのでこのようなことができるが、個人事業主では無理である。これについて市場企業による支援というのは検討に値すると思われる。

14　ヨーロッパの卸売市場との比較考察

ヨーロッパの卸売市場は、12世紀からいまでも、自身で産地からの仕入れと販売を行うので、日本の卸→仲卸業者・売買参加者という2段階ではなく、わが国の第一段階の問屋制卸売市場である。零細規模なので、大型スーパー等は、ほとんど仕入れ先として相手にしていないので卸売市場経由率は非常に低い。

国によって事情が異なる。筆者が45年ほど前に現地で聞いた話では、フランスは平たんな農業国で1農家あたりの耕作面積が数10haと大きく、スーパー等は産地に仕入れ所を設けて直接仕入れをしている。イギリスは緯度が高く、野菜の種類と生産量が少ないので、ギースト社というオランダ人経営の会社が大陸から仕入れてロンドンに近い場所に設けた施設に集め、そこにイギリスで主だったスーパー5社（内訳はイギリス系2社、アメリカ系3社）の事務所があり、それぞれ仕入れ事務所を置いて注文している。スーパー各社の各店舗への配送も同社が行っているので、スーパー側は発注するだけである。同社の話では、同社がイギリスの野菜取扱いの5割を占めているということであった。なお、同社の名称は当時であって、検索すると社名が変わ

っていて現状は把握していない。

　これに比べて、わが国は1農家あたりの耕作面積が小さいということと、水産も沿岸漁業の漁師が中心で、出荷者も産地市場の産地仲買人ということで、スーパー等も産地直接仕入れではなく、卸売市場利用が中心となっている背景があり、ヨーロッパに比べて卸売市場経由率が高い。わが国の卸売市場は、卸売会社の経営規模が大きく、大口需要者対応も十分できるので全方位型が可能である。卸・仲卸の2段階制であるというところがヨーロッパの問屋制卸売市場と違う点である。

　わが国の卸売市場は、時代に合わせ、先取りして改革を続け、流通の中心であり続ける姿を維持したいものである。そのための再整備であるべきで、取扱高縮小に伴う敗戦処理は歓迎しない。

15　新事態への対応としての考え方転換の提案

　新事態とは、「人口減」と「物流事情悪化」のダブルパンチという事態を指す。この事態を乗り切るには、これまでと違った発想も必要ではないか、ということを提起したい。

　わが国の人口減は、徐々に、しかし次第に大きく確実に進行している。一方、物流事情悪化・ドライバー不足は、2024年問題で一気に深刻になっている。これらの事態の未来志向的な考察（考え方の転換）がいま求められている。ここで少し先を見た考え方を提起する。

(1) 小売での売り方の工夫――重量単価制の導入

　最近、卵の価格高騰を受けて「不揃い卵10個」パックが出回っている。家庭ではこれでもいい。いまスーパーで売っている野菜は1個いくらが多い。規格が揃っているからである。産地では規格を揃える手間は大きいし、人手もいる。規格外の廃棄という無駄もある。これの工夫を考察する。

　いまは規格を揃えて一個いくらで販売されていても個体差はあり、消費者

が選っている光景をよく見かける。買わない品物を手で触っているので、衛生上も問題であるし、見ていて不快である。

　これを重量単価制に変えるとどうなるか。野菜を選る必要はない。食べれば同じとして、多少の外観は気にしない。重量は事前に店で測るか、消費者がカウンターの前の段階で測ってレジ担当者に自己申告するか、印刷されて出てくるようにする。価格は多少は安くなるだろうから、スーパーがこのような企画で差別化を図ろうとすればビジネスチャンスにもなるし、産地も人手不足への対応策になる。

　重量単価制はヨーロッパではすでに実施されているのを筆者は現地で見ている。料亭など業務用や高級品を望む需要者向けに、規格が揃っている出荷について対応をすることはもちろん必要だし否定しないが、一般消費者向けにそこまで必要かどうかということである。低価格でも売れることにより、いくらかでも収入増になる生産者側と、年金生活等で生活が苦しい消費者への支援にもなる。

(2) 雑魚など低利用・未利用資源の活用

　札幌の料理屋さんが、市場に入荷する雑魚（ざつぎょ、ざこ）と呼ばれる魚について、人気がなく低価格か、売れなくて廃棄もあるのを見て、味はすごくいいので利用できないかと取り組む事例のテレビ報道があった。対象として挙げているのは、連子鯛（レンコダイ）とマツカサウオで、ふたつとも市場では人気がなく安価なのに、食べると非常に美味なので、試しに店で客に出して見ると、おいしさにびっくりする客がいて、出荷する生産者に少しでも収入増になればということと、客の定着も期待して、取り組む店も増えているという。生鮮食料品等等のあらゆる分野で、この視点での見直しを行うことは、資源活用にもなり、国産農漁業振興に卸売市場が果たす役割も大きくなると思う。

【（1）、（2）のまとめとして】

　これまでわが国の卸売市場取扱品は「芸術的」ともいわれ、文化とも誇りとも言われていたが、これは担う人が多かった時代の話。人口減、高齢化、後継者不足などで、これが十分に行えない時代になっている今日、ここまでの追求を続けていいのか、食べるのに支障がなければいいと消費者の意識も変えるべきではないか、ということについて皆さんに問いたい。

　筆者はヨーロッパで、ニンジンだったと思うが、傷んだ箇所をえぐって並べてあるのを見た。十分食べられる状態であった。重量制だからできることだが、消費者の意識も違うようである。ここまでしなくてもいいかも知れないが、食べられるのに無駄にしないという姿勢は大切だと思う。

（3） 卸売市場における消費者側との交流──いわゆる「市場開放」の拡大

　「当市場は卸売市場なので一般消費者の入場禁止」という大きな縦看板が卸売市場正門に立ててある公設卸売市場がまだある。これは、一般消費者が卸売市場内に入ってきて邪魔になる、危険だという理由の他に、入ってきた市民（消費者）が仲卸店頭などで買い物をするのを見た小売業者等が、自分たちの売り上げが減るとして反対するという理由が大きいと筆者は思っている。しかし、卸売場は危険、邪魔になるので配慮が必要としても、仲卸売場への入場は認めてもいいのではないだろうか。一般消費者が卸売市場に来場することのメリットは大きい。商品知識を豊富にすることは、普段買いに行く小売店でこれを仕入れてと注文することにもつながるし、卸売市場の役割を消費者が体感することにもなる。関係者でよく話し合って市場開放に対する理解を深めたい。

あとがき

　卸売市場活性化に関するこれからの課題については、本書で指摘した激変緩和の条項と、新たに導入が必要な条項の考察がある。前者については、いつまでも続けるわけにはいかないので、こうしたらという案の提示を考えている。後者については、時代の流れの中で浮上してくるのもあるので、すべてを今、記述できるわけではないが、それが浮上した時に、すみやかに把握・検討・実行する体制は必要である。その視点から言うと、抜本的に考え方を変えた改正卸売市場法の施行から数年が経過しているのに、多くの卸売市場関係者の動きに俊敏さが見られないように思う。報道では、8割の企業が2024年問題に対応していないという。じり貧傾向にしても毎年のように続いているのに、単年度ではわずかなので危機感につながっていないのではないか。むしろ、開設者＝卸売会社である民設卸売市場の方に、シャープな動きがみられるように感じる。改正卸売市場法下では、広い視野での連携・連合関係をつくっていく必要がある。

　卸売市場活性化のために障害になっている部分はすっきりさせて、改革を進めやすくすることを徹底するということであれば、改正卸売市場法は将来見直すということも必要だと思うので、機が熟した項目から、順次実行して、わが国の卸売市場システムが末永く生き続けることを期待したい。

　人口減少、物流事情逼迫化、わが国農漁業の縮小化、卸売市場経由率の低下など、卸売市場システム存続の障害になる事項は山積している。「卸売市場を特別視するな」と言っても、卸売市場に課せられた公共的性格による制約は、その範囲で卸売市場を特別視するべき根拠になる。卸売市場の持続性確保、延命という視点でのボトムアップの要請の具体的取りまとめに、筆者も取り組みたい。卸売市場について多くの研究者が関心を持たれることを望む。

　本書を緊急出版という形で早く世に出そうと思ったきっかけは、改正卸売市場法施行後、卸売市場を巡る状況があまりにも早く進行していると思った

からである。この５年くらいで進行が加速していると感じる。物流事情逼迫化でトラック事情が悪くなり、来年度の2024年問題で、集荷事情が悪化し、単独の卸売市場・市場企業ではもはや対応は限界ということも少なくない。このような状況への対応策として筆者が考えていた広域連携・連合市場構想は、30年も前（1993－平成５年ごろ）に発想した考え方であったが、まだ卸売市場の取扱高は頂点をちょっと過ぎた段階で、「いつか元に戻る」、という雰囲気で卸売市場の将来を疑う人は少なかった時代である。その時代に筆者は、第三段階論と広域連合市場構想の考え方の論文を書いたこともある。しかし当時は時期尚早ではあったし、実現のための具体的考察も進んでいなかった。しかし今では、単独の卸売市場、卸売会社だけで自己完結して事態を乗り切れるのは、大型拠点市場の大型卸売会社か、よほどの経営力を持つ会社に限られるだろうという時代になっている。

　いまある卸売市場といまいる市場企業が存続して卸売市場を改革して欲しいと切に願っている。本書がその一助となれば幸いである。

参考文献

第1章

- 細川允史著「激動に直面する卸売市場」（筑波書房）第1章：激動の幕開けと新時代の展望、第2章：今の卸売市場の状況分析概括──進現状と制度の乖離、第7章：戦略レベルの経営戦略（展望）作成のポイント
- 細川允史著「改正卸売市場法の解析と展開方向」（筑波書房）第1章：改正卸売市場法の本質解析と各市場設定への提言、第2章：改正卸売市場法の内容と認定制としたことについて、第3章：改正卸売市場法による卸売市場制度の重要な事項、第4章：認定制卸売市場となって変わったこと、
- 細川允史著農林リサーチ2022年2月号：新制度下における卸売市場に対する開設者の役割　認定制とは
- 細川允史著農林リサーチ2022年8月号：新段階に入ったわが国卸売市場
- 細川允史著農林リサーチ2023年9月号：改正卸売市場法の「申請主義」に関する考察

第2章

- 細川允史著「激動に直面する卸売市場」（筑波書房）第1章：激動の幕開けと新時代の展望、第2章：今の卸売市場の状況分析概括―進現状と制度の乖離―、第3章：政府決定「農業競争力強化プログラム」の分析と卸売市場の対応、第5章：市場間格差拡大の対応策Ⅰ、第6章：市場間格差拡大の対応策Ⅱ──広域調整・連携・連合の考え方
- 細川允史著農林リサーチ2023年8月号：わが国の卸売市場制度の第三段階論「広域連合市場構想」の提起①
- 細川允史著農林リサーチ2023年10月号：わが国の卸売市場制度の第三段階論「広域連合市場構想」の提起②
- 増田寛也編著『地方消滅──東京一極集中が招く人口急減』（中公新書）

第3章

- 細川允史著「激動に直面する卸売市場」（筑波書房）第4章：市場間格差拡大の深刻化、第8章：卸売市場の多機能化と多様性──発想の拡大と転換、第9章：公設卸売市場の将来と民設民営卸売市場
- 細川允史著農林リサーチ2022年5月号：市場経由率の分母は「総流通量」か「国産流通量か」で意味が異なる
- 細川允史著農林リサーチ2022年9月号：21年度決算に見る青果卸売会社2極化
- 細川允史著農林リサーチ2022年10月号：中央卸売市場法体制との決別　令和3年度の卸売市場データ集が語るもの
- 細川允史著農林リサーチ2023年2月号：卸売市場経由率の部類別特徴の考察
- 細川允史著農林リサーチ2023年3月号：東京都中央卸売市場年報に見る卸売市場の変遷
- 細川允史著全水卸2020年3月号：水産市場の取扱い減少に関する考察
- 細川允史著全水卸2021年9月号：スーパー中心時代の卸売市場
- 細川允史著全水卸2023年3月号：東京都中央卸売市場年報に見る卸売市場の88年
- 細川允史著果実日本2023年3月号：果実流通の変化と再編

第4章

- 細川允史著農林リサーチ2022年11月号：大型拠点市場への出荷集中と物流の変化
- 細川允史著全水卸2020年1月号：出荷の集中問題──水産市場ではどう考えるか
- 生鮮取引電子化推進協議会（事務局：公益財団法人・食品等流通合理化促進機構）発行『生鮮EDI』令和5年3月号流通経済研究所・折笠俊輔主任

研究員「標準化と物流問題から見る生鮮流通」
- 石井幸考著『人口減少と鉄道』（朝日新書）

第5章

- 細川允史著農林リサーチ2021年11月号：「論理的には将来、公設卸売市場はなりたたず」
- 細川允史著農林リサーチ2022年7月号：公設卸売市場と非保有型PFI方式
- 細川允史著農林リサーチ2023年5月号：これからの卸売市場整備の計画立案体制・構想募集のあり方
- 細川允史著全水卸2023年5月号：卸売市場再整備の最近の動向についての考察

著者略歴

細川 允史（ほそかわ　まさし）

卸売市場政策研究所代表
1943年　東京生まれ
1968年　東京大学農学部農業生物学科「園芸第一教室」卒業
1970年　東京都庁に入庁
　　　　東京都中央卸売市場食肉市場業務課長、同大田市場業務課長、
　　　　労働経済局農林水産部農芸緑生課長、中央卸売市場監理課長、
　　　　東京都農業試験場長などを歴任
1993年　農学博士号取得（東京農工大学連合大学院）
1994年　日本農業市場学会賞受賞
1997年　酪農学園大学食品流通学科教授に就任
2011年　酪農学園大学勤務終了
同年　　卸売市場政策研究所を設立、代表に就任。現在に至る

現在、食品流通合理化促進機構・評議員、東京都中央卸売市場業務
運営協議会臨時委員、同卸売市場審議会臨時委員、日本農業市場学
会名誉会員、日本流通学会参与

第三段階に入った卸売市場制度とわが国卸売市場の将来

2023 年 11 月 25 日　第 1 版第 1 刷発行

定価はカバーに表示してあります。

著　者　細川 允史
発行者　鶴見 治彦
発行所　筑波書房
　　　　〒162-0825 東京都新宿区神楽坂 2-16-5
　　　　☎ 03-3267-8599　郵便振替 00150-3-39715
　　　　http://www.tsukuba-shobo.co.jp

印刷・製本＝中央精版印刷株式会社
ISBN978-4-8119-0667-6 C3033
ⓒ Masashi Hosokawa 2023 printed in Japan